문재인의 말하기

문재인의 말하기

김범준 지음

세련된 매너로 전하는
투박한 진심

RHK
알에이치코리아

마음을 조급하게 먹을 필요 없어요.

젊을 때는 1, 2년이 굉장히 중요하게 느껴지지만

세상을 살다 보면 1, 2년 늦어지는 건 아무것도 아니에요.

자기 내면부터 확실히 회복하고 차근차근 노력하면

조금 늦을지는 몰라도

원하는 꿈을 반드시 이룰 수 있습니다.

— 서울성모병원 청소년병동에서(2017.8.9.)

무엇이 문재인 대통령을
최고의 협상가로 만들었을까

문재인 대통령은 참 이상한 사람이다.

그의 이야기를 듣다 보면 말주변이 별로 없다 싶은데, 이유 없이 신뢰감이 간다. 딱히 좌중을 휘어잡는 카리스마가 있는 것도 아닌데, 역대 그 어느 대통령보다 많은 팬(?)들을 거느리고 있다. 이를 반영하기라도 하듯 지지율은 오히려 대선 후보 시절보다 훌쩍 올라, 1년 이상 70퍼센트 내외의 고공행진을 이어가고 있다. 이 정도면 가히 '문재인 현상'이라는 신조어가 등장해야 할 법하다.

대체 그 이유가 무엇일까. 문재인 대통령의 무엇이 사람들을 이렇게 사로잡고 있는 것일까. 단순히 그가 '괜찮은 사람'이어서일까. 세상에 괜찮은 사람이 문재인 대통령만 있는 건 아니지 않은가. 이런 의문이 꼬리에 꼬리를 물면서 머릿속을 떠나지 않았다.

지지율 고공행진의 비밀 ————

그러던 중 평창 패럴림픽 동메달리스트인 아이스하키 대표팀 선수들에게 문재인 대통령이 보낸 축전을 보게 되었다. 뒤에서 자세히 다루겠지만, 이를 읽고 나서 나는 입이 떡 벌어지고 말았다. 문재인 대통령은 그야말로 '칭찬이란 이렇게 하는 것이다'라고 말하는 듯했다. 문득 이런 생각이 들었다.

'사람들이 문재인 대통령에게 열광하는 이유가 그의 말하기 때문은 아닐까.'

나는 문재인 대통령의 공식 연설문은 물론, 화제가 됐던 영상과 관련 기사 등을 폭넓게 찾아보았다. 처음에는 순전히 말하기 전문가로서의 호기심 때문이었다. 이렇게 멋진 칭찬의 말을 할 줄 아는 사람이라면, 다른 말들도 분명 예사롭진 않을 것 같았다.

'말하기'라고 할 때 우리가 흔히 떠올리는 것은 일상적인 대화나 연설 등이다. 그러나 그런 음성 언어 외에도 우리는 다양한 비언어적 방식을 통해 말하기를 한다. 표정이나 제스처, 몸짓은 물론 눈물이나 상대방에 대한 터치까지도 넓게는 의사소통을 위한 훌륭한 수단이 될 수 있다. 때문에 누군가의 말하기 방식이 어떤지 살펴보려면 자신의 의사를 상대방에게 전달하는 데 활용하는 모든 도구들에 주목해야 한다.

많은 자료들을 찾아보고 나서 마침내 내가 내린 결론은, 문재인 대통령이 대단히 설득력 있는 말하기를 할 줄 아는 사람이란 것이었다. 그는 변호사 출신이라는 점이 무색할 만큼 말의 속도가 느리고 언변이 좋은 편도 아니었지만, 꼭 필요하고 좋은 말을 골라 할 줄 알았고 비언어적인 요소를 적절히 활용해 사람들에게 편안함과 신뢰감을 심어줄 줄 알았다. 말에 신뢰가 가니, 당연히 설득이 될 수밖에 없다. 비로소 그가 왜 높은 지지율을 유지하고 있는지 깨달을 수 있었다.

문재인의 말하기

말주변이 없어도 설득력을 얻는 법 ————

물론 그의 말이 설득력을 갖는 데 단지 기술적인 부분만 작용하지는 않을 것이다. 말에는 그 말을 하는 사람의 정신이 담겨 있게 마련이다. 그래서 됨됨이가 바르고 마음이 맑아야 좋은 말하기도 할 수 있는 법이다. 문재인 대통령을 사적으로 알지는 못하지만, 그분이 걸어온 인생을 살펴보건대 그가 훌륭한 인격의 소유자라는 점 정도는 짐작할 수 있다(이는 그의 지지자가 아닌 사람들, 정치적 입장이 다른 사람들조차 대체로 동의하는 부분이기도 하다). 문재인 대통령의 말들을 살펴보면, 좋은 말하기를 하기 위해서는 이런저런 기술을 공부하기에 앞서 먼저 마음을 깨끗이 하고 인격을 수양해야겠다는 깨달음이 저절로 든다.

하지만 그에 관한 많은 말하기 자료들을 분석하다 보니, 몇 가지 눈에 띄는 특징들이 있었다. 문재인 대통령은 때와 장소, 대상에 따라 말투나 이야기 흐름 등을 자주 바꾼다. 자기 스타일만 고집하지 않는다는 뜻인데, 그럼에도 불구하고 일관되게 나타나는 어떤 기법들이 뚜렷하게 '문재인의 말하기 스타일'을 구축하고 있다는 생각이 들었다.

문재인 대통령의 말하기 스타일. 내가 이것을 책으로까지 써서 꼭 한 번 짚고 넘어가야겠다고 결심한 이유는 간단하다. 그가 말을 아주 잘하는 사람이 아니기 때문이다. 이는 곧, 말주변이 없는 사람도 문재인처럼 말하면 누구보다 강한 설득력을 갖출 수 있다는 뜻이 된다.

아니나 다를까, 책을 준비하던 중 꿈에도 생각하지 못했던 남북정상회담이 열리게 됐고, 이에 문재인 대통령은 CNN 등 전 세계 유수의 매체에서 "최고의 협상가"란 별칭을 얻게 되었다. 당연하다. 어디로 튈지 모르는 트럼프 대통령과 은둔의 지도자 김정은 위원장을 끈질기게 '설득'해 협상 테이블로 끌어낸 최고의 공로자는 단연코 문재인 대통령이었으니까. 덕분에 이 책의 내용도 훨씬 풍성해질 수 있었다.

나는 이 책이 특출난 말솜씨를 갖고 있지 않아 고민인 이들에게 널리 읽혔으면 좋겠다. 모르긴 몰라도, 문재인 대통령 곁에는 그의 말하기를 돕는 많은 참모들이 있을 것이다. 하지만 우리 곁에는 이미 널리 공개된 문재인 대통령의 든든한 말하기 자료들이 충분히 존재한다. 나는 그 방대한 자료들을 분석해 이 책을 완성했다. 문재인 대통령의 참모들만큼이나 여러분의 말하기에 큰 도움이 될 것이라 자부한다.

사실, 정치적 중립을 유지하며 최대한 객관적인 태도로 문재인 대통령의 말들을 다루려 했지만, 쓰면 쓸수록 "대단하다"는 말을 멈출 수가 없었다. 여러 번 퇴고를 하면서 최대한 그런 부분을 줄이려고 노력했으나, 멋진 말이나 표현이 많아 쉽지 않았다. 미리 양해의 말씀을 드린다.

김범준

차례

시작하며   무엇이 문재인 대통령을
최고의 협상가로 만들었을까 6

1장 —— 나를 높이는 말의 기본기

자기소개의 정석 17

숫자놀음의 달인 27

'제대로 된 질문'의 좋은 예 38

주목받고 싶다면, 스토리텔링 50

찰떡같이 말해야 찰떡같이 알아듣는다 60

2장 —— 내 마음을 들여다본 것처럼

상대방의 언어로 말한다는 것 77

이름을 불러주는 것의 의미 90

내 이야기를 꺼내야 하는 순간 101

격이 다른 축하와 칭찬의 말 112

용서를 부르는 사과의 기술 121

나를 낮추길 두려워하지 않는다 134

3장 ── 목적이 이끄는 말하기

솔선수범이란 무엇인가 **145**

그의 말은 미래를 향한다 **153**

훌륭한 말은 행동으로 완성된다 **163**

이성과 감성을 넘나드는 설득의 기술 **173**

정중하게 그러나 단호하게 **182**

4장 ── 말수는 적게, 눈빛은 강력하게

소통의 첫걸음은 눈높이 맞추기 **197**

정중한 인사가 감동의 언어로 **204**

때와 장소를 가릴 줄 아는 터치의 기술 **213**

깜짝 등장이 기분 좋은 언어가 되려면 **221**

5장 ── 그의 말을 들으면 그가 좋아진다

아부도 이 정도면 예술 **233**

가벼운 한마디의 묵직한 효과 **244**

자랑하고도 욕먹지 않는 법 **256**

잘 들어주기만 해도 내 편이 된다 **266**

상대방의 자존감을 세워주는 격려의 말 **274**

1장

나를
높이는
말의
기본기

자기소개의
정석

"안녕하세요, 제 이름은 ○○○입니다. 저는 △△동에 살고, 취미는 독서이며 특기는 글쓰기입니다."

들기만 해도 지루하지 않은가? 특기가 과연 글쓰기가 맞을지 의심 가는 자기소개다. 자기소개는 특별해야 한다. 과장될 필요는 없지만, 인상에 남아야 한다.

간혹 입사 면접을 볼 때든, 미팅·소개팅을 할 때든, 비즈니스 미팅 자리에서든 한결같은 레퍼토리로 자기소개를 하는 사람들이 있다. 이런 사람은 쉽사리 기억에서 지워질 가능성이 크다. 기왕이면 때와 장소에 맞게, 청중의 입맛을 고려해 자기 이야기를 잘 기획하고 편집할 수 있어야 한다.

그래야 듣는 사람의 관심을 사로잡을 수 있고, 두고두고 기억에 남는 호감 가는 인상을 완성할 수 있다.

약점을 드러내 강점으로 만든다 ————

문재인 대통령도 국민 앞에서 자기소개를 한 적이 있다. 2017년 SBS 〈대선주자 국민면접〉에서다. 당시 이 프로그램에는 유력 대선 후보들이 등장해 1분 자기소개를 했다. 그중 문재인 대통령은 다음과 같이 말했다.

> 안녕하십니까. 완전히 새로운 대한민국을 만들기 위해 19대 대통령직에 취업하려고 지원한 문재인입니다. 저는 취업 재수생입니다. 절박합니다.
> 적폐 청산, 국가 대개조라는 시대정신에 가장 잘 부합하는 적임자라고 자부합니다. 검증이 끝난 지원자입니다. 국정 경험도 있고, 재수를 하면서 준비를 거듭한 가장 잘 준비된 지원자입니다. 사상 최초로 영남, 호남, 충청 모두에서 고른 지지를 받아 국민 통

문재인의 말하기

합을 이룰 수 있는 지원자입니다.

잘할 자신 있습니다. 새로운 대한민국, 정권 교체,
저 문재인에게 맡겨주십시오.

— SBS 〈대선주자 국민면접〉 (2017.2.12.)

국민 전체를 대상으로 한 자기소개에서, 문재인 대통령
은 자신이 지난 대선에 실패했다는 약점을 오히려 강점으
로 전면에 내세우는 승부수를 띄웠다. 실제로 대학교도 재
수를 했다고 밝힌 그는 두 번째 대선 도전에 성공할 자신
이 있다며, 자신이 그만큼 검증이 완료된 준비된 지원자라
는 사실을 강조한다. '재수생'이라는 표현을 써가며 스스로
를 낮추면서도, 곧바로 자신감 있는 태도로 자신의 장점을
열거하는 그의 말에 듣는 사람은 친근함과 함께 신뢰감을
느낄 수 있다.

상대방과의 공통점을 찾아라 ————

문재인 대통령은 연설을 하며 서두에 자기 이야기를 종

종 꺼내곤 한다. 일종의 자기소개를 하는 것인데, 이때 재미난 특징이 종종 보인다. 다른 자기소개 자리에서였다면 오해를 샀을지도 모를 말, 즉 혈연과 지연을 강조하는 말을 자주 하는 것이다.

이북도민 여러분, 탈북주민 여러분. 반갑습니다, 문재인입니다. 850만 이북도민과 3만 탈북주민이 함께하는 '제35회 대통령기 이북도민 체육대회'를 진심으로 축하합니다.

저 역시 실향민의 아들, 이북도민 2세입니다. 오늘 이렇게 이북도민 어르신들을 뵈니, 잎담배를 종이에 말아 피우며 고향을 그리워하던 선친의 모습이 생생히 떠오릅니다.

선친은 함경남도 흥남 출신입니다. 전쟁통에 남으로 피난하여 흥남부두에서 거제도로, 부산으로, 뿌리 잃은 삶을 사시다가 끝내 고향 땅을 다시 밟지 못하고 돌아가셨습니다.

(…) 올해 아흔이신 어머니의 동네는 흥남의 서쪽을 흐르는 성천강 바로 너머 함주군입니다. 언젠가

남과 북이 자유롭게 오가며 아버지, 어머니의 동네에서 제 뿌리를 찾아볼 수 있는 세월이 오기를 기원합니다.

— 제35회 대통령기 이북도민 체육대회 축사 (2017.10.22.)

선거 때만 되면 북이다 남이다, 호남이다 영남이다, 서울이다 지방이다 하면서 말들이 많지만, 알고 보면 우리는 한반도란 한정된 지역에 살고 있는 이웃사촌들이다. 몇 다리 건너면 이 좁은 한반도에서 모르는 사람이 얼마나 될까. 그런 관계 속에서 '나의 부모님이 당신들과 같은 고향 사람들이다'라고 하는, 지연을 활용한 자기소개는 참 쉬우면서도 친숙한 방법이 아닐 수 없다. 서먹서먹한 자리에서 누군가와 공통점을 찾아내 소통을 이어가려고 할 때는 이 방법만한 것이 없다.

문재인 대통령 역시 이 점을 적극적으로 활용한다. 이북도민, 탈북주민 들에게 자신 역시 실향민의 아들이라는 점을 밝히면서 '그러니 나만큼 여러분들의 심정을 잘 아는 사람도 드물다'라는 점을 은연중에 드러낸다. 또한 노모의 고향까지 언급하며, '여러분이 갖고 있는 통일에 대한 열망이

언젠가 남과 북이 자유롭게 오가며
아버지, 어머니의 동네에서
제 뿌리를 찾아볼 수 있는 세월이 오기를 기원합니다.

나의 그것과 다르지 않다'는 점도 강조한다. 아주 전형적이
지만 듣는 이의 마음을 사로잡을 수밖에 없는 자기소개의
정석이다.

상대방과 자랑스러움을 공유하라 ————

2018년 3월 문재인 대통령은 아랍에미리트UAE에 방문
했는데, 이때 그곳에 파견 나가 있는 우리나라의 '아크 부
대('아크'란 아랍어로 '형제'라는 뜻)'를 찾아 장병들을 격려했
다. 아크 부대는 2011년 창설 후 150여 명의 병력이 8개
월마다 교대로 파견되어, 사막 지역 전술 훈련과 대테러 작
전, 고공강하 등을 수행하는 최강의 부대원으로 구성된 부
대다.

부대를 둘러본 후 부대 내 식당에서 진행된 장병들과의
간담회에서 그는 인사말을 했는데, 사회자의 소개가 끝난
후 이렇게 말했다.

"사회자가 소개할 때 중요한 걸 빠뜨렸습니다."

잠시 침묵과 긴장이 도는 순간 문재인 대통령은 미소를 지으며 이렇게 말한다.

"저는 그냥 대통령이 아니라, 공수 130기……."

웃음과 함께 박수가 터져나왔다. 문재인 대통령은 나머지 말을 이어갔다.

"공수특전단 출신 대통령입니다."

당연히 "우와와와아아아아!" 하는 장병들의 함성이 터져나왔다. 타국에서 고생하는 장병들 앞에서 이보다 더 용기를 주는 자기소개가 또 있을까? '나와 여러분이 다르지 않다, 여러분의 고생을 내가 모르는 바 아니다, 여러분과 같은 군인 출신이라는 걸 나는 자랑스럽게 여긴다, 여러분도 여러분의 신분을 마음껏 자랑스러워하라'라는 메시지가 한꺼번에 전달된다.

이다음에 이어지는 상황도 재미있다. 문재인 대통령은 이런 멘트를 날린다.

"부대 편히 쉬어."

　부동자세로 앉아 있던 수많은 장병들 사이에 긴장이 흐른다. 그래도 어떻게 '편히 쉰' 자세를 대통령 앞에서 취할 수 있단 말인가. 군기가 바짝 들어간 장병들은 흐트러짐 없는 자세를 유지했다. 그러자 환한 웃음의 문재인 대통령이 한마디를 더 한다.

"명령입니다!"

　비로소 '명령대로' 편하게 시작된 간담회가 정말 편하게 끝났음은 두말할 나위도 없었을 것이다. 상급자로서의 자기 지위를 이용해 아랫사람을 편하게 만들어주는 그의 재치가 빛난다.
　자기소개를 잘 해서 돋보이고 싶다면 문재인 대통령처럼 일단 상대방과 나 사이의 공통점을 부각해보라. 그렇게 공감대를 형성한 후, 그 공통적인 부분을 내가 아주 자랑스럽게 여기고 있다는 점을 강조하는 것이 포인트다.
　이를 위해서는 그가 나에게서 어떤 이야기를 들었으면

하는지, 스스로 자신있게 생각하는 부분이 무엇인지 파악해야 한다. 그리고 그에 맞춰 내 소개말을 준비해야 한다. 역설적으로 상대방을 높여주기 위해 내 이야기를 할 때 나도 덩달아 높아질 수 있음을 잊지 말자.

숫자놀음의
달인

여러 가지 사실을 열거해가며 설명을 해야 할 때, 사람들의 주목을 끄는 쉬운 방법이 있다. 바로 "첫째" "둘째" "셋째" 하는 식으로 순서를 매겨서 이야기하는 것.

이런 장치 없이 이야기를 죽 연결해서 하게 되면 자칫 듣는 사람이 주의를 잃을 가능성이 크다. 특히나 목소리 톤이 낮고 말의 높낮이가 일정한 이들의 이야기는 더욱 지루하게 들릴 수 있기 때문에, 내용을 적절하게 끊어가며 중간중간 듣는 이들의 주의를 환기시키는 장치가 절실하다.

그뿐만이 아니다. 이런 식의 말하기는 신뢰도를 높이는 데도 제격이다.

"나는 괜찮은 사람입니다. 그 이유는 그동안 많은 역량을 쌓아왔기 때문입니다."

"나는 괜찮은 사람입니다. 그 이유는 세 가지입니다. 첫째, 저는 그동안 많은 역량을 쌓아왔습니다. 둘째,……."

어느 쪽에 더 신뢰감이 느껴지는가? 어느 쪽이 더 객관적으로 자신을 어필하는 것으로 보이는가? 당연히 후자 쪽이다.

3을 좋아하는 남자 ————

문재인 대통령의 목소리 톤은 다소 답답한 감이 있다. 흔히 말하는 '오래 들으면 졸린 목소리'에 가깝다. 그렇다 보니 이야기를 하는 동안 듣는 사람의 주의력을 오래 잡아두기가 쉽지 않다. 이런 단점을 보완하기 위한 말하기 방법 중 하나가, 앞서 언급한 순서를 매겨 이야기하는 것이다.

문재인 대통령은 그중에서도 3을 좋아한다. 말하기에 유독 "첫째" "둘째" "셋째"가 많이 등장한다. 특히 상대에게 무언가를 설명하거나 상대를 설득하려 할 때 이를 많이 활용한다. 자신의 말에 대한 근거를 가져오는 방법인 셈인데, 참 별것 아닌 것처럼 보이는 이 "첫째" "둘째" "셋째"가 그의 목소리를 통해 들으면 매우 힘 있고 확신에 찬 말로 다가온다. 또한 말의 내용이 정리되어 귀에 쏙쏙 들어와 박힌다.

소방관 여러분, 소방관은 삶과 죽음의 기로에 선 국민의 손을 가장 먼저 잡아주는 '국가의 손'입니다. 국민이 소방을 신뢰하는 만큼 미흡한 점이 있다면 과감히 드러내고 개선해야 합니다. 소방에 몇 가지 당부의 말씀을 드립니다. 첫째, 갈수록 복잡해지고 대형화하는 재난에 대비하고 대응하는 역량을 강화해야 합니다. (…) 둘째, 거주지역이나 연령, 장애로 인해 안전에서 소외되는 일이 없도록 해야 합니다. (…) 마지막으로, 평창동계올림픽과 패럴림픽이 안전하게 치러질 수 있도록 최선을 다해주시길 바랍니다.

— 제55회 소방의 날 기념사 (2017.11.3.)

이번 정상회의는 여러 가지 면에서 의미가 아주 큽니다.

첫째, 2015년 서울에서 개최된 6차 회의 이후 2년 반 만에 한자리에 모였습니다. 의장국인 일본의 노력에 경의를 표합니다. 한일중 3국이 떼려야 뗄 수 없는 협력 동반자임을 느낍니다. 앞으로 정상회의가 흔들림 없이 정례적으로 개최됨으로써 3국 관계의 발전에 든든한 기반이 되기를 바랍니다.

둘째, 이번 회의는 시기적으로도 매우 중요합니다. 남북정상회담은 한반도의 완전한 비핵화와 항구적 평화 정착의 기반을 마련했습니다. 그동안 일·중 양국이 평화 원칙을 일관되게 견지하면서 남북 대화를 전폭적으로 성원해주신 것이 큰 힘이 되었습니다. 두 나라에 감사드립니다. (…)

셋째, 3국 협력의 중요성은 아무리 강조해도 지나치지 않습니다. 이제 3국이 힘을 모아 국민들의 삶이 실질적으로 나아지는 시대를 열어야 합니다. 그중에서도 국민들의 일상과 가장 밀접한 환경, 지진, 재난 보건의료 분야의 교류 협력에서 3국 국민들의 체감할 수 있는 성과가 있기를 기대합니다.

— 한일중 정상회의 문재인 대통령 모두발언 (2018.5.9.)

문재인의 말하기

자칫 지루해질 수 있는 이야기인데, 각각 "첫째" "둘째" "셋째"가 등장할 때마다 듣는 사람의 주의를 끌어모으고 있다. 이렇게 말하면 시간이 지나도 핵심적인 내용이 기억 속에서 지워지지 않고 남아 있을 가능성이 크다.

다른 사례를 하나 더 살펴보자. 북한이 핵 실험장을 폐기하겠다고 발표했다. 그러자 문재인 대통령이 이 사실을 국민들에게 알리면서, 제 나름의 의미를 부여했다. 어떻게 보면 북한이 해야 할 말을 대신 해주었다고도 할 수 있다. 자신의 말이 가진 무게감과 자신에 대한 국민들의 신뢰가 어느 정도로 큰지 잘 알고 있기에 가능한 일이다.

> 북한이 미국인 억류자 석방에 이어 풍계리 핵 실험장 폐기를 국제 사회에 투명하게 공개하기로 한 것을 높이 평가하고 환영합니다. 우리에게는 크게 세 가지 의미가 있다고 평가합니다. 첫째, 북한의 완전한 비핵화를 위한 초기 조치로서 비핵화가 시작됐다는 중요한 의미가 있습니다. 둘째, 북한이 북미정상회담의 성공을 위해 상당한 성의를 보여주고 있다는 점에서 긍정적으로 평가할 만합니다. 셋째, 김정은 위원장

이 남북 간의 시간 통일에 이어 남북정상회담 때 제게 약속했던 사항들을 하나하나 성실하게 이행하고 있다는 점에서도 높이 평가하고 싶습니다.

— 수석보좌관회의 모두 발언 (2018.5.14.)

핵 실험장을 폐기하겠다는 중대한 결정을 그저 알리기만 하고, 그것의 의미나 향후 계획에 대해서는 꺼내놓지 않는 북한식 말하기는 듣는 이들에게 많은 혼란과 억측을 불러일으킬 수 있다. 쓸데없는 오해를 차단하고 내가 지향하는 바를 상대방에게 정확하게 전달하고자 하는 사람이라면 북한식이 아니라 문재인 대통령처럼 말해야 한다. 전달하려는 사실 그 자체는 물론 그것의 의미와 향후 계획 등을 함께 이야기하되, 그 내용이 잘 전달되도록 숫자를 매겨 하나하나 짚어주면 좋다는 것이다.

면접장에서 어떤 이야기를 할지 모르겠다는 사람, 한 번도 보고서를 잘 썼단 칭찬을 받아본 적이 없는 사람이라면, 문재인 대통령의 이 말하기 기술을 꼭 활용해보길 권한다. 쉬우면서 효과도 좋으니, 금상첨화다.

나만의 고유명사 만들기 ————

문재인 대통령은 설명이나 설득을 할 때 "첫째" "둘째" "셋째"를 기본으로 하되, 경우에 따라 이 말하기 기법을 세련되게 변용하기도 한다.

> 오늘 이 자리에서, 역사의 소중한 경험을 우리의 비전으로 되살린 '한–아세안 미래공동체 구상'을 밝히고자 합니다. 제가 생각하는 우리의 미래는 3P 공동체입니다. 사람과 사람, 마음과 마음이 이어지는 '사람People 공동체', 안보 협력을 통해 아시아 평화에 기여하는 '평화Peace 공동체', 호혜적 경제 협력을 통해 함께 잘사는 '상생 번영Prosperity의 공동체'입니다.
> — 아세안ASEAN 기업 투자 서밋 연설(2017.11.13.)

단순히 세 가지를 열거한 것이 아니라, '3P 공동체'라는 고유명사를 창조해 이야기했다. 자신의 구상이 좀 더 사람들의 뇌리에 강렬하게 각인되도록 하기 위해서였을 것이다. 말하기가 좀 더 정리되고 고급스러워진 느낌이다. 전문가의 향기도 느껴진다.

이런 식의 말하기는 단지 문재인 대통령만의 전유물이 아니다. 조금만 머리를 굴려보면 누구나 따라 할 수 있는 것이다. 꼭 영어단어가 아니어도 괜찮으니, 한글·숫자 등으로 다양하게 변주해보자.

때와 장소에 맞는 숫자 활용 ————

그런데 가끔은 문재인 대통령도 자신이 그렇게 좋아하는 3을 버릴 때가 있다. 그의 숫자 놀음은 때와 장소를 아주 잘 가린다. 상대방에 맞게 자신의 말하기를 자유자재로 변용하는 그는, 확실히 태세 전환에 능한 사람이다. 아래의 연설문을 보자.

중국에서는 숫자 8이 '부를 얻는다'는 의미가 있어 사랑받는 숫자라고 들었습니다. 한-중 협력이 서로에게 도움이 되기를 바라는 의미에서 '여덟 가지 협력 방향'을 생각해보았습니다.

제가 생각하는 우리의 미래는 3P 공동체입니다.
사람과 사람, 마음과 마음이 이어지는 '사람People 공동체',
안보 협력을 통해 아시아 평화에 기여하는 '평화Peace 공동체',
호혜적 경제 협력을 통해 함께 잘사는
'상생 번영Prosperity의 공동체'입니다.

첫째, 안정적인 경제 협력을 위해 제도적 기반을 다져야 합니다. (…) 둘째, 양국 교역의 질적인 성장을 도모해야 하겠습니다. (…) 셋째, 4차 산업혁명에 대응한 미래 신산업 협력을 강화해야 합니다. (…) 넷째, 벤처 및 창업 분야 협력을 확대하고자 합니다. (…) 다섯째, 에너지 분야도 협력을 강화할 유망한 분야입니다. (…) 여섯째, 환경 분야 협력은 양국 국민의 삶의 질 개선을 위해 반드시 필요합니다. (…) 일곱째, 인프라 사업에 대한 제3국 공동 진출입니다. (…) 마지막 여덟째입니다. 사람중심의 민간 교류·협력을 활성화하겠습니다. (…)

— 한중비즈니스포럼 대통령 연설(2017.12.13.)

한국이 아닌 중국에서, 한국인이 아닌 중국인들을 향해 이야기를 하는 자리였다. 문재인 대통령은 자신이 좋아하는 3이 아니라, 중국인이 좋아하는 8을 택했다. 말하기를 '나의 일방적인 의사 표현'이 아니라 '듣는 사람을 신경 쓰는 소통의 일환'으로 생각하지 않았다면 불가능했을, 아주 작지만 세심한 배려였다.

숫자를 말하기에 활용하는 것은 누구나 쉽게 할 수 있는 일이다. 하지만 이를 알파벳 등을 이용해 세련되게 변용한 것도 모자라, 상대방의 특성을 생각해 맞춤형으로 변용한 것은 어지간한 말하기 고수가 아니고서는 하기 어려운 일이다. 문재인 대통령은 이런 점에서 아주 현명한 숫자 놀음의 달인이라 할 수 있다.

'제대로 된 질문'의
좋은 예

나는 강의를 하기도 하지만, 실은 강의 듣는 것을 더 좋아한다. 잘 모르는 사람으로부터 듣는 새로운 이야기는 늘 놀랍고 때때로 가슴 벅차다.

그런데 강의를 들을 때 다소 당황스럽거나 민망한 순간이 있다. 바로 강사가 질문을 던질 때다. 질문은 지루한 분위기를 환기시키고 듣는 사람의 이목을 집중시킬 수 있는, 좋은 의사소통 기술 중 하나이지만, 시도 때도 없이 질문을 던지는 사람과 만나면 난감하기 짝이 없다. '모르니까 들으려는 건데 왜 질문을 하는 걸까?' 하는 생각이 들기도 한다. 한편으로는 '이미 자기가 원하는 답을 갖고 있으면서 왜 물어보는 거야?' 싶기도 하다. 자신이 염두에 두지 않은 다른 답을 말했을 때, 강사 얼굴에 은연중 보이는 '그것도 몰라?' 하는 무시하는 듯한 표정에 기분이 상할 때도 있다. 어디 그뿐인가. 질문에 대해 아무도 대답하지 않을 때 펼쳐지는 그 냉랭하고 어색한 분위기란. 당장 강의실을 나가고 싶다는 생각이 들 때도 여러 번이다.

평서문을 질문의 형태로 ————

질문은 좋은 것이다. 그러나 질문이 좋은 것이 되려면 정말 제대로 잘 해야 한다. 소위 달변가라 불리는 이들을 살펴보면 질문을 정말 기가 막히게 잘 한다. 질문 한마디로 공격적인 상대의 입을 막아버리기도 하고, 냉정한 사람의 마음을 움직이기도 한다.

그런데 평범한 사람이 그런 달변가의 질문 기술을 따라 할 수 있을까? 거의 불가능하다고 본다. 질문은 일종의 순발력을 요하기도 하는 것이라, 단기간에 고난도의 질문 기술을 배우는 것은 쉽지 않은 일이다.

그렇다면 대단한 달변가가 아닌 그저 평범한 사람이 조금 더 나은 말하기를 하기 위해 질문을 활용하려면 어떻게 해야 할까? 한 가지 팁을 말하자면, 오로지 정해진 답을 이끌어내기 위해서만 질문을 던져선 안 된다. 질문은 대화를 활성화시키기 위한 방편으로 사용될 때 그 의미가 있다.

문재인 대통령의 질문은 아주 정교하다거나 고도로 계산됐다는 느낌을 주지 않는다. 굳이 질문형으로 말할 필요가 없다 싶은 평범한 이야기를 살짝 비틀어 질문형으로 던짐으로써 듣는 이의 공감을 자아내거나 친근함을 불러일으키는 식이다. 때로는 그저 경직된 분위기를 조금 풀기 위해 질문을 활용하기도 한다.

2017년 7월 문재인 대통령은 미국 백악관에서 도널드 트럼프 대통령과 한미정상회담을 갖고, 동포간담회를 열었다. 그는 이 간담회에서 인사말을 했는데, 그 말들 속에 '평범한 사람들을 위한 질문의 모범'이라 할 수 있는 것들이 가득했다.

우선, 그는 긴장하고 있을지 모를 사회자를 위해 그를 격려하고 지지한다는 뜻을 간접적으로 드러내는 질문을 하나 던진다.

감사합니다. 사회 보신 김미화 씨에게도 감사합니다. 지난 정권에서 블랙리스트 방송인이라는 거 잘 아시죠? 격려의 박수 부탁드립니다.

— 동포간담회 인사말 (2017.7.1.)

'문화계 블랙리스트 사건'은 지난 정권에서 크게 문제가 된 이슈였다. 마침 이와 관련하여 고초를 겪은 사람이 사회를 보자, 문재인 대통령은 인사말 서두에 그 점을 가지고 분위기를 풀 수 있는 수준으로 가벼운 질문을 하나 섞어 말문을 연다. 만약 이 질문을 아래와 같이 했다면 느낌이 어땠을까?

"김미화 씨는 지난 정권에서 블랙리스트 방송인으로 낙인찍혔던 분입니다. 격려의 박수 부탁드립니다."

크게 차이가 없는데도, 좀 더 건조하고 딱딱하지 않은가? 게다가 이 말을 들은 김미화 씨는 훨씬 민망했을 것 같다. 듣는 사람 입장에서도 김미화라는 방송인에 대해 어떤 정서적 유대감도 느껴지지 않을 것이다.

질문으로 감정을 공유한다 ─────

한편 문재인 대통령은 질문을 통해 자신의 기쁜 마음을 나누기도 한다. 이어지는 인사말을 살펴보자.

> 사랑하는 250만 재미동포 여러분, 반갑습니다. 방미 마지막 일정으로 여러분을 뵙습니다. 방미 성과도 아주 좋았고, 여러분께 인사를 드리고 돌아갈 수 있게 돼서 정말 기분이 좋습니다. 여러분도 좋으시죠?
> ─ 동포간담회 인사말 (2017.7.1.)

'나의 기쁨이 당신의 기쁨이 될 수도 있음'을 말하는 문재인 대통령의 질문은 겸손하다. '내가 좋으니 당신도 좋아야 한다'는 경직된 느낌이 아니라, '나는 참 좋은데 당신도 좋았으면 좋겠다'라는 겸손함으로 받아들여진다. 이는 "여러분도 좋으시죠?"라는 질문 앞에 "여러분께 인사를 드리고 돌아갈 수 있게 돼서"라는 말 덕분이다. "인사를 드리고"라는 말이, 듣는 사람에게 자신이 상대방보다 오히려 더 높은 사람이라고 느끼게끔 만들어주고 있다. 이 말을 하는 순간,

문재인 대통령 특유의 여유로운 웃음이 함께해 그 효과가 더욱 커졌음은 물론이다. 자신의 마음을 이렇게 겸손하게 표현할 때 상대방은 내 감정을 온전히 공유할 수 있다.

누군가를 알아봐주기 위한 질문 ————

문재인 대통령은 누군가를 알아봐주는 말도 질문으로 처리한다. 사람은 누군가로부터 좋은 일로 이름이 불리거나 인정을 받을 때 마음이 한결 부드러워지게 마련이다. 문재인 대통령은 이 사실을 아주 잘 알고 있다. 게다가 이를 가벼운 질문으로 구구절절하지 않게 표현할 줄 안다.

> 오늘 이 자리에 여기 워싱턴뿐 아니라 멀리 알래스카와 마이애미, 그리고 바다 건너 하와이에서도 오셨다고 들었습니다.
> 제일 먼 하와이에서 오신 동포분들, 어디 계십니까?
> 여러분, 큰 박수 한 번 부탁드립니다.
> — 동포간담회 인사말 (2017.7.1.)

"제일 먼 하와이에서 오신 동포분들, 어디 계십니까?"라는 평범한 질문이 예사롭게 들리지 않는다. 평범한 말이라도 상황과 맥락에 따라 특별한 의미를 지니게 마련인데, 이 말이 그렇기 때문이다. 타향에서 외롭고 힘들게 살아가는 동포들에게, 저 말은 고국의 대통령이 잊지 않고 우리를 기억해준다는 느낌으로 다가갈 것이다. 문재인 대통령은 이국땅에서 열심히 살아가는 동포들의 손을 일일이 잡아주지 못하는 미안함과 격려의 마음을 이렇게 표현한 셈이다. 참 괜찮은 말하기다.

질문 속에 자기 자랑 녹이기 ————

그는 은근히 자신의 자랑도 할 줄 안다. 물론 대놓고 하지는 않는다. 질문의 형식을 통해 알 듯 말 듯 세련되게 한다.

트럼프 대통령을 비롯해서, 제가 만난 미국 정부 관계자와 정치인 모두가 촛불혁명으로, 평화적으로 정권을 교체한 대한민국을 존중해주었고, 그런 대한민국의 대통령인 저를 대접해주었습니다.

　여러분, 우리 스스로 자부할 만하다고 생각하는데,
어떻습니까?

— 동포간담회 인사말 (2017.7.1.)

　문재인 대통령은 '저 스스로'라는 말 대신 '우리 스스로'
라는 말을 사용했다. 그래서인지 이 자랑의 주체가 문재인
대통령 자신 혹은 대한민국 정부가 아닌 대한민국 국민 전
부라는 느낌을 준다. 대통령의 자랑을 들으며 국민들의 어
깨가 으쓱해지는 경험을 하게 만들어준 것이다.

　맨 마지막에 "어떻습니까?"라는 말을 덧붙이면서, '우리
는 현재 상황을 충분히 자랑스러워할 만하다'라는 생각을
한층 확장시킨다. 답이 정해져 있는 질문이지만, 무척이나
기분 좋은 질문이다.

질문으로 요청하는 기술 ―――――

　그는 미래를 위한 방향을 제시하고 이를 위한 노력에 동

참해줄 것을 주문하는 데도 질문을 활용한다. 리더라면 반드시 알아두어야 할 '요청의 기술'이다.

> 트럼프 대통령으로부터 한반도의 평화통일 환경 조성에서 대한민국의 주도적 역할과 남북 대화 재개에 대한 지지를 확보한 것은 매우 중요한 성과입니다. 사드 문제에서도 민주적·절차적 정당성이 필요하다는 점에 대해 미국 정부의 공감을 얻었습니다.
>
> 어떻습니까? 한미동맹, 앞으로도 이렇게 흔들림 없이 튼튼하게 해나가면 되겠습니까?
>
> ― 동포간담회 인사말(2017.7.1.)

"앞으로도 이렇게 흔들림 없이 한미동맹을 튼튼하게 해나가겠습니다"라고 무난하게 말했다면 어땠을까? 나쁘지 않지만, 딱히 기억에 남을 것 같지는 않다. 그러나 이를 살짝 비틀어 질문으로 만들자, 마치 국민인 우리에게 대통령이 동의를 구하는 모습으로 다가온다. 한발 더 나아가, 국민에게 대통령이 보고하는 느낌을 주기도 한다.

연설이나 강의의 경우, 연사는 일방적으로 이야기를 하

고 청중은 들어야만 할 때가 많은데, 이렇게 질문을 섞어 쓰게 되면 청중에게 연사와 내가 함께 대화하고 있다는 정신적인 만족감을 선사할 수 있다. 뿐만 아니라 '우리는 같은 편'이라는 인식을 심어주어 더 나은 미래를 향해 힘을 모아야겠다는 공감대를 형성하게 된다.

비슷한 예는 또 있다. 이번에는 그로부터 두어 달 후, 유엔총회 참석 차 미국을 방문한 문재인 대통령이 첫 번째 일정으로 택한 미국 뉴욕 동포간담회 자리에서다.

> 여러분, 평창 동계올림픽 기념주화에서 가장 가격이 높은 금화에 새겨진 것이 무엇인지 아십니까? 바로 나무와 새끼줄을 엮어 만든 한국형 전통스키인 '고로쇠 스키(썰매)'와 눈신발 '설피'입니다.
>
> 특히, 고로쇠나무를 깎고 밀랍을 발라 눈에 잘 미끄러지도록 만든 고로쇠 스키는 예로부터 눈이 많은 강원도 산골에서는 없어서는 안 될 우리 선조들의 생활 도구였습니다. 원시적인 스키라고 할 수 있지만, 잘 닦인 스키장이 아닌 강원도의 산악 지형에서는 현대 스키보다 사용하기가 더 알맞다고 합니다. 우리

선조들이 이 원시적인 스키를 다고 곰과 호랑이, 멧돼지를 찔러 잡았다는 기록이 조선 시대의 옛 책에 남아 있는 것을 보면 놀라운 일이 아닐 수 없습니다.

어떻습니까?

이만하면 우리 대한민국, 동계올림픽 개최할 만한 나라 맞습니까?

이 정도면 제가 평창 '명예 홍보대사'라고 할 만합니까?

여러분도 이제 홍보위원이 되셨으니 저와 함께해주시겠습니까?

미국과 전 세계에 강원도 평창의 겨울, 그 정겨움과 아름다움, 역동성을 알려주십시오. 동포 여러분이 함께해주시면 평창 동계올림픽도 멋지게 성공할 것이라고 자신합니다.

— 미국 뉴욕 동포간담회 격려사 (2017.9.19.)

이 자리가 마련된 때는 평창 동계올림픽 개최를 얼마 남겨두지 않은 시점이었다. 그래서인지 문재인 대통령은 평창올림픽을 주된 이야기의 소재로 삼고 있다.

문재인의 말하기

이번에는 아예 청중을 향해 질문을 쏟아붓는다. 간절하게 요청하는 느낌이 조금 더 강해졌다. 평창올림픽을 성공적으로 개최하는 데 우리 국민 모두가 뜻을 모아달라고 호소하고 있다. 특히 질문을 연속적으로 배치해 점점 더 감정을 증폭시키고 있는 점이 인상적이다.

문재인 대통령이 질문을 효과적으로 사용하는 장면은 이외에도 여러 곳에서 발견된다. 타고난 달변가는 아니지만, 질문을 잘 활용해 상대방의 공감을 자아내고 내 말에 설득력을 여러 겹 입히고 싶다면 지금까지 살펴본 그의 질문 활용 방식을 눈여겨볼 만하다.

주목받고 싶다면,
스토리텔링

"삶은 참으로 고되고 힘든 것이다."

"여기, 쓰레기통을 뒤지는 한 소녀가 있다."

이 두 문장을 비교해보자. 어느 쪽에 좀 더 눈길이 가는가? 그다음에 이어질 이야기가 더 기대되는 쪽은?

아마 대부분은 후자 쪽이라고 답했을 것이다. 당연한 일이다. 첫 번째 문장은 그저 말하는 이의 일방적인 주장만을 담고 있지만, 두 번째 문장은 일종의 '사연'을 풀어놓으면서 듣는 이의 정서를 건드리고 있어서다. 대체 어떤 사정이 있기에 이 소녀가 쓰레기통을 뒤지고 있는 것인지 호기심과 함께 안쓰러운 마음이 생겨나지 않는가?

내 이야기로 상대방 무장해제시키기 ————

나는 전쟁 중에 피난지에서 태어났습니다. 내전이면서 국제전이기도 했던 그 전쟁은 수많은 사람들의 삶을 파괴했습니다. 300만 명이 넘는 사람들이 목숨을 잃었고, 목숨을 건진 사람들도 온전한 삶을 빼앗겼습니다.

내 아버지도 그중 한 사람이었습니다. 잠시 피난한다고만 생각했던 내 아버지는 끝내 고향에 돌아가지 못한 채 세상을 떠났습니다. 나 자신이 전쟁이 유린한 인권의 피해자인 이산가족입니다.

그 전쟁은 아직 완전히 끝나지 않았습니다. 세계적 냉전 구조의 산물이었던 그 전쟁은 냉전이 해체된 이후에도, 정전 협정이 체결되고 64년이 지난 지금에도, 불안정한 정전 체제와 동북아의 마지막 냉전 질서로 남아 있습니다.

북한 핵과 미사일 문제로 동북아의 긴장이 고조될수록 전쟁의 기억과 상처는 뚜렷해지고 평화를 갈망하는 심장은 고통스럽게 박동치는 곳, 그곳이 2017년

9월, 오늘의 한반도 대한민국입니다.

전쟁을 겪은 지구상 유일한 분단국가의 대통령인 나에게 평화는 삶의 소명이자 역사적 책무입니다. 나는 촛불혁명을 통해 전쟁과 갈등이 끊이지 않는 지구촌에 평화의 메시지를 던진 우리 국민들을 대표하고 있습니다.

또한 나에게는 인류 보편의 가치로서 온전한 일상이 보장되는 평화를 누릴 국민의 권리를 지켜야 할 의무가 있습니다. 바로 이런 이유로 나는 북한이 스스로 평화의 길을 선택할 수 있기를 바랍니다. 평화는 스스로 선택할 때 온전하고 지속 가능한 평화가 된다고 믿기 때문입니다.

나는 무엇보다 나의 이 같은 신념이 국제 사회와 함께하고 있다는 점에 감사를 표합니다.

— 제72차 유엔총회 기조연설 (2017.9.22.)

유엔총회에서 이런 지극히 개인적인 이야기로 서두를 열 수 있는 사람이 몇이나 될까. 문재인 대통령은 비극적인 가족사를 토대로 자기소개를 하고, 왜 자신이 평화를 소명으로 삼는지, 어째서 한반도에 평화가 필요한지를 차분히 이야기한다. 아마 그는 이 이야기로써 국제 사회에 자신이 누구인지를 선명하게 각인시켰을 것이다.

문재인 대통령의 말을 살펴보면 같은 이야기도 사례를 들어 편안하고 흥미롭게 풀어가는 경우가 많다. 스토리텔링을 상당히 선호하는 게 느껴진다.

'사연'이 등장하면 일단 재미있다. 무조건 주장이나 설명만을 앞세우는 사람의 이야기를 듣다가 너무 지루해 딴생각에 빠지고 말았던 경험, 그러다 재미있는 사연이 등장하는 순간 귀가 쫑긋해졌던 경험을 누구나 한 번쯤 해본 적 있을 것이다.

문재인 대통령은 스토리텔링을 단지 흥미 유발을 위해서만 사용하지 않는다. 간혹 스토리텔링을 한답시고 시답지 않은 사연으로 말을 시작한 후, 이상한 결론으로 흐르는 사람들이 꽤 많다. 혹은 사연 자체가 타인과 나누기에 다소 불쾌하거나 너무 강렬해서 정작 중요한 주장이나 메시지는 가려버리는 우를 범하는 사람들도 적지 않다.

문재인 대통령은 이런 실수를 피해 기가 막히게 밸런스를 지킨다. 그의 사연은 듣는 사람의 귀를 열 정도의 흥미

"지금 무슨 책을 읽고 계신가요?"
올 한 해, 책으로 안부를 묻다 보면
우리 모두 지혜의 나무를 한 그루씩
키워낼 수 있을 것입니다.

는 유발하지만, 이는 어디까지나 이어지는 주장이나 메시지를 강화시키기 위한 도구로만 작용한다.

> 문화체육관광부가 올해를 '책의 해'로 선정했습니다. 국민 모두가 '함께 읽고'라는 목표로 출판의 활성화를 바라고 있습니다. 오늘은 24회째를 맞는 '2018 서울국제도서전'이 열리는 날입니다. 우리나라 최대의 책 잔치입니다.
>
> 책을 생각하면 아버지가 먼저 떠오릅니다. 한번 장사를 나가시면 한 달 정도 만에 돌아오시곤 했는데, 그때마다 꼭 제가 읽을 만한 아동문학, 위인전을 사오셨습니다. 제가 책 읽기를 좋아하게 된 것은 아버지 덕이었습니다. 독서를 통해 세상을 알게 되었고 인생을 생각하게 되었습니다.
>
> (…) "지금 무슨 책을 읽고 계신가요?" 올 한 해, 책으로 안부를 묻다 보면 우리 모두 지혜의 나무를 한 그루씩 키워낼 수 있을 것입니다.
>
> — 제24회 서울국제도서전 축하 메시지 '책을 읽는 분들도, 쓰고 만드는 분들도, 모두 소중합니다'(2018.6.20.)

문재인 대통령은 유독 자신의 아버지 이야기를 하는 걸 좋아한다. 그의 말들을 들여다보면 아버지를 참 자랑스럽게 여기고 존경한다는 느낌이 절로 든다.

스토리텔링을 할 때 이렇게 자신의 어린 시절 이야기나 자기 가족의 이야기를 꺼내는 것은 듣는 이의 마음을 무장 해제시키는 가장 좋은 방법 중 하나다. 심한 자기 자랑을 늘어놓는 것이 아닌 이상, 자신의 어린 시절이나 부모님 이야기를 하는데 쌍심지를 켜고 듣는 사람은 없게 마련이다. 문재인 대통령 역시 상대방이 흐뭇한 미소를 짓고 들을 수 있을 만한 자신의 이야기를 꺼내어 듣는 사람의 마음을 천천히 두드린다.

그 사람 이야기로 내 심중을 드러내다 ———

작년 4월, 저는 김홍걸 국민통합위원장과 하의도를 찾았습니다. 생가와 모교를 방문했고, 마을 분들과 대통령님의 이야기를 나눴습니다.

방파제에 앉아 대통령님이 그토록 사랑했던 하의

도 바다를 바라보았습니다. "섬에 자라면서 그토록 원 없이 바닷바람을 맞고 바다를 바라보았지만 지금 도 바다가 그렇게 좋다"라고 대통령님이 자서전에서 하신 말씀이 생각났습니다. 제가 태어난 거제도 바다, 제가 자란 부산 영도의 바다도 거기에 함께 있었습니다.

작은 섬 하의도에서 시작한 김대중의 삶은 목포에서 서울로, 평양으로, 세계로 이어져 마침내 하나의 길이 되었습니다. 개인적으로는 본받고 싶은 정의로운 삶의 길이고, 국가적으로는 한반도의 평화와 번영을 위해 뒤따라야 할 길입니다.

고난과 역경을 이겨낸 대통령님의 삶에는 이희호 여사님이 계십니다. 여사님은 대통령님과 함께 독재의 온갖 폭압과 색깔론과 지역 차별에도 국민과 역사에 대한 믿음을 굳건히 지켜낸 동지입니다. 다시 한 번, 이희호 여사님과 가족분들께 깊은 존경과 위로의 인사를 드립니다.

— 김대중 대통령 서거 8주기 추도사 (2017.8.18.)

문재인 대통령은 자신의 이야기뿐 아니라 다른 사람의 이야기 역시 자주 등장시킨다. 이럴 때는 주로 자신과 그 사람의 인연을 소개하기도 하고, 그 사람과 그 사람의 가족 이야기를 잔잔하게 들려주기도 한다. 김대중 대통령 서거 8주기 추도사에도 이런 특징이 잘 드러나 있다.

김대중 대통령의 아들인 김홍걸 위원장과 함께 김대중 대통령의 고향을 찾았던 이야기로 시작해, 김대중 대통령의 정치적 동반자이자 삶의 동반자인 이희호 여사의 이야기로 마무리를 한다. 김대중 대통령에 대한 이야기를 통해 자신의 포부와 메시지를 은연중에 드러내고, 그분 곁에 있는 가족까지 높이는 이런 식의 이야기 방식은 문재인 대통령이 특히 즐겨 쓰는 말하기 기술이다. 추도사이지만, 추모와 존경의 마음뿐만 아니라 문재인 대통령 자신이 국가적으로 어떤 부분에 신경을 쓰고 있는지가 읽히는 것도 이러한 이유에서다.

이렇듯 타인의 이야기로 스토리텔링을 하고자 할 때는 내가 하고자 하는 이야기에 그 사람의 이야기가 얼마나 적합한지 따지는 것은 기본이요, 그 사람을 높여줄 수 있는 표현을 어느 수준으로 쓸 것인지까지 고려해야 한다. 너무

과해서 그 점에만 주의가 집중되어선 곤란하지만, 최소한 내 이야기에 등장한 그 사람이 듣고 뿌듯함을 느낄 수 있는 수준은 되어야 한다. 그래야 말을 하는 나도, 내 말에 등장한 그 사람도, 이 말을 듣는 상대방도 모두 기분 좋은 소통을 할 수 있다.

찰떡같이 말해야
찰떡같이 알아듣는다

일본에서 있었던 일이다. 두 대학 간에 미식축구 경기가 있었다. 오랜 라이벌 관계였던 두 대학이었기에 처음부터 거친 플레이가 많았다. 이때 한 선수가 무방비 상태의 상대방 선수를 백태클로 공격해 부상을 입힌다. 이 사건이 문제가 되자 가해를 한 선수는 기자회견장에서 "큰 피해와 폐를 끼친 점 깊이 반성하고 있습니다. 정말로 죄송합니다"라며 사과를 하는 한편, 감독이 "상대팀 쿼터백 선수를 쓰러뜨려라"라고 지시했고 이에 그대로 행동했다고 억울함을 호소했다.

그러자 그날 기자회견장에 불참했던 해당 팀의 감독은

이후 한 인터뷰에서 "반칙하라는 얘기는 아니었다. 경기를 좀 더 적극적으로 뛰라는 얘기였다"라며 자신의 책임을 회피했다. 선수가 말귀를 알아듣지 못하고, 자신의 지시를 마음대로 해석해 '알아서' 행동했다는 핀잔이었다.

왠지 기시감이 느껴지지 않은가? 당신이 학생이라면 조별 과제 리포트를 만들고서 조장에게 "멋지게 좀 해달라고 했잖아. 알아서 표지도 좀 만들고 그림도 넣었어야지"라는 말을 들어봤을 수도 있고, 당신이 팀원이라면 보고서를 만들고서 팀장에게 "내가 복잡한 거 싫어한다고 했잖아. 그럼 알아서 깔끔하게 표로 정리했어야지"라는 핀잔을 들었을 수도 있다. 그런데 이 '알아서 잘한다'는 게 과연 말이 되는 이야기일까?

정확한 개념 설명이 기본 ————

모든 말은 입 밖으로 나가는 순간 제 나름대로의 영향력을 갖는다. 하물며 많은 사람이 주목하는 리더의 말은 더하다. 그래서 리더의 말은 그 누구의 말보다 '정확해야' 한다.

간혹 회사에서 보면 "내가 언제 이렇게 하라고 했어? 개떡같이 말해도 찰떡같이 알아들었어야지!"라고 하는 상사가 있다. 천만의 말씀이다. 내가 한 지시를 받고 부하직원이 제대로 일을 해내지 못했다면, 그에 대한 책임은 상사인 내게 절반 이상 있다고 보아야 한다. 리더에게는 자신의 일 그 자체에 대한 책임뿐 아니라 그의 말을 듣고 따를 사람이 어떻게 이해해 행동하느냐를 예측할 책임도 있기 때문이다. 따라서 리더라면 무엇보다 개념 설명을 정확히 할 줄 알아야 한다.

국민들의 힘으로 우리 새 정부가 적폐 청산을 힘차게 추진하고 있습니다. '적폐 청산' 이렇게 하니까 마치 그것이 또 편 가르기, 또는 지금 정부가 앞의 정부를 무슨 사정하거나 심판하는 것처럼, 그렇게 여기는 분들도 일부는 있는 것 같습니다. 그러나 그렇지 않습니다. 적폐 청산의 '적폐'라는 뜻은 오랫동안 쌓여온 그런 폐단이라는 뜻입니다. 그것은 비단 앞의 정부에서만 만들어졌던 것이 아니라 해방 이후에 우리가 성장만능주의, 물질만능주의, 그런 어떤 사상을 추구하는 사이에 그 그늘 속에서 생겨났던 여러 가지 폐단을 말하는 것이라고 생각합니다. 그래서 적폐 청산은 그런 오래된 폐단들을 씻어내고, 정말 정치를 바르게 해서 대한민국을 정의로운 대한민국, 또 나라다운 나라로 만들자는 그런 뜻입니다.

— 한상대회 참석자 차담회 인사말 (2017.10.28.)

'적폐 청산.' 문재인 대통령 취임 전후로 정말 많이 들었던 단어다. 그런데 이 단어를 둘러싸고 정치적인 공방이 끊이질 않고 있다. 그간 잘 쓰지 않았던 단어인지라 국민들은 이것이 무슨 의미인지 헷갈린다. 혹시 정부가 정치적인 반대 세력을 모두 숙청하겠다는 뜻은 아닌가, 국민들을 편 가르기 하려는 것은 아닌가 하는 의심마저 든다. 불필요한 오해를 불식시킬 필요를 느꼈는지, 문재인 대통령은 이에 대해 작심하고 발언한다.

당신이라면 '적폐'라는 단어를 어떻게 설명하겠는가? 글자 그대로 해석하면 '예전부터 있어온 나쁜 것들' 정도 아닐까? 문재인 대통령도 이와 비슷하게 처음에는 "오랫동안 쌓여온 그런 폐단"이라고 이야기한다. 흥미로운 것은 그다음이다. 단순한 의미 설명에 머무르지 않고 과거형인 적폐를 미래형으로 재규정한 것이다. 즉, 기존 기득권 세력의 나쁜 폐단을 없애겠다는 데서 한발 더 나아가 "정치를 바르게 해서 대한민국을 정의로운 대한민국, 또 나라다운 나라로 만들자는 그런 뜻"이라고 말이다. 적폐 청산에 대해 이보다 더 명쾌하게 설명할 수 있을까?

오늘, 촛불집회 1년을 기억하며 촛불의 의미를 되새겨봅니다.

촛불은 위대했습니다. 민주주의와 헌법의 가치를 실현했습니다. 정치 변화를 시민이 주도했습니다. 새로운 대한민국의 방향을 제시했습니다.

촛불은 새로웠습니다. 뜻은 단호했지만 평화적이었습니다. 이념과 지역과 계층과 세대로 편 가르지 않았습니다. 나라다운 나라, 정의로운 대한민국을 요구하는 통합된 힘이었습니다.

촛불은 끝나지 않은 우리의 미래입니다. 국민과 함께 가야 이룰 수 있는 미래입니다. 끈질기고 지치지 않아야 도달할 수 있는 미래입니다.

문재인의 말하기

촛불의 열망과 기대, 잊지 않겠습니다. 국민의 뜻을 앞세우겠습니다. 국민과 끝까지 함께 가겠습니다.

— 촛불집회 1년을 기억하며 (2017.10.28.)

문재인 대통령은 이미 수차례 "문재인 정부는 촛불혁명으로 탄생됐다"는 발언을 했던 바 있다. 그만큼 촛불집회에 큰 빚을 지고 있다고 여기며, 그 의미를 높이 평가한다. 그러나 모든 국민이 촛불집회에 참여했던 것은 아니며 그 목소리에 동의했던 것도 아니다.

이들을 비롯한 모든 국민에게 문재인 대통령은 자신이 왜 그렇게 촛불을 위대하다고 생각하는지 그 이유를 밝힌다. 이번에도 역시 촛불이 정의 구현과 진정한 민주주의 실현에 일조했다는 것 외에 미래 지향적인 이야기를 꺼낸다. "촛불은 끝나지 않은 우리의 미래"이며 "국민과 함께 가야 이룰 수 있는 미래"이고 "끈질기고 지치지 않아야 도달할 수 있는 미래"라고 말이다. 촛불에 대한 새롭고도 의미 있는 해석이다. 전 국민의 뜻을 하나로 모아 앞으로 나아가겠다는 선명한 의지도 엿보인다.

말한 것을 지켜야 개념의 완성 ————

우리 국민들은 이번 공론화 과정을 통해 한층 성숙한 민주주의의 모습을 보여주셨습니다.

471명의 시민참여단은 작은 대한민국이었습니다. 전국 각지에서 80대 고령 어르신부터 20대 청년까지 나라의 미래를 위해 참여해주셨습니다.

2박 3일간의 합숙토론을 포함하여 33일간에 걸쳐 자신의 입장을 말하고, 타인의 입장을 경청하는 숙의 과정을 거쳐 마침내 지혜롭고 현명한 답을 찾아주셨습니다.

또한 자신의 의견과 다른 결과에 대해서도 승복하는 숙의민주주의의 모범을 보여주셨습니다.

뿐만 아니라 반대 의견을 배려한 보완 대책까지 제시하는 통합과 상생의 정신을 보여주셨습니다. 참으로 우리 국민들이 자랑스럽고 존경스럽습니다.

— 신고리 5·6호기 공론화 결과에 대한 대통령 입장(2017.10.22.)

문재인 대통령의 설명만 들어보아도 숙의민주주의에 대

문재인의 말하기

해 잘 이해할 수 있다. 즉, 숙의민주주의란 "자신의 입장을 말하고, 타인의 입장을 경청하"는 것을 필수로 하며, 이로써 "지혜롭고 현명한 답을 찾아"내고 "자신의 의견과 다른 결과에 대해서도 승복"할 수 있게 된다는 것이다.

문재인 대통령이 신고리 5·6호기 공론화 결과에 대한 입장을 밝히며 군이 숙의민주주의 개념을 꺼낸 이유는 무엇일까. 아마도 이 골치 아픈 문제에 대한 해답을 내리기 위해 가장 민주적인 과정을 거쳤다는 점, 그렇게 해서 내린 결론이 결국 최선일 거라는 점을 강조하기 위해서였을 것이다. 논란이 많은 문제였던 만큼 뒷말이 무성할 것을 염려해, 가장 지혜롭게 답을 냈음을 딱 잘라 만천하에 선포한 셈이다.

그는 못 박듯이 다음과 같은 말을 덧붙인다.

> 민주주의는 토론할 권리를 가지고 결과에 승복할 때 완성된다고 생각합니다.
> — 신고리 5·6호기 공론화 결과에 대한 대통령 입장(2017.10.22.)

문재인 대통령은 '민주주의'에 대한 설명을 이렇게 했다.

'토론할 권리' 그리고 '결과에의 승복.' 아주 명쾌하다. 게다가 가르치려 든다는 느낌이 없어서 더 좋다. '~하다고 생각합니다'라며 그것이 자신의 의견이라는 점을 확실히 밝히되 이것이 정답이라고 말하진 않는다. 억지로 자신의 말을 강요하는 이른바 '꼰대'식의 말하기와는 한참 거리가 멀다. 오히려 어떻게 해서든지 상대방을, 자신이 수없이 고민하여 도출한 좋은 방향으로 유도하기 위해 애쓰는 사람에 가깝다. 그래서 듣기에 편하다.

민주주의에 대한 그의 개념 설명이 더 확실히 와 닿는 이유가 있다. 고대 그리스에는 '이세고리아isegoria'라는 개념이 있었다. '표현의 자유' 혹은 '평등하게 말하기'라는 뜻이다. 모두가 발언할 수 있는 기회를 동등하게 갖되, 자신과 반대되는 의견이 결론으로 나왔다 해도 그에 승복해야 한다는 원칙이다.

문재인 대통령은 자신의 제안이 공론화 과정에서 좌절되었음에도 이를 오히려 민주주의 발전의 기회로 삼겠다고 이야기한다. 그리스의 이세고리아가 대한민국 민주주의에도 엄연히 구현되고 있음을, 문재인 대통령은 자신의 말로 몸소 증명했다. 원칙에 따라 쉬운 말로 개념을 설명하고,

그 개념을 직접 실천하는 리더. 이보다 더 확실하게 말할
수 있는 리더가 몇이나 있을까.

문장의 강약을 생각하라 ————

국민 여러분, 6월 민주 항쟁의 과정에서도 우리 국
민들은 다양한 방법으로 항쟁에 참여했습니다.

학생들이 앞장서 '호헌 철폐 독재 타도'를 외쳤습
니다. 택시기사들은 경적을 울렸습니다. 어머니들은
총과 방패에 꽃을 달았습니다. 여고생들은 자신의 도
시락을 철제문 사이로 건네주었습니다. 상인들은 음
료와 생필품을 보내왔습니다. 회사원들은 군중을 향
해 꽃과 휴지를 던져 응원했습니다. 언론출판인들은
진실을 왜곡하는 보도 지침을 폭로했습니다. 노동자
들은 잔업을 끝내고 나와 철야 시위와 밤샘 농성에
함께했습니다. 학생, 시민, 노동자들은 각자의 자리
에서 가진 것을 나누며 자신의 민주주의를 이뤄냈습
니다.

4·19로부터 이어온 각 분야의 운동이 하나로 모였고, 각자가 간직하고 키워온 민주주의를 가지고 촛불혁명의 광장으로 다시 모였습니다.

존경하는 국민 여러분, 민주주의는 잘 가꾸어야 합니다. 조금만 소홀하면 금세 시들어 버립니다. 끊임없이 되돌아보고 일상에서 민주주의를 실천해야 합니다.

(…) 이제, 6·10 민주항쟁에서 시작해 촛불혁명으로 이어져온 국민주권 시대는 평화의 한반도에서 다양한 얼굴의 민주주의로 실현될 것입니다. 각자의 자리에서 지켜가고 만들어가는 민주주의를 응원합니다. 정부도 더 좋은 민주주의를 위해 더욱 노력하겠습니다. 감사합니다.

— 6·10 민주항쟁 31주년 기념사 (2018.6.10.)

정확한 의미 전달을 위해서는 되도록 짧은 문장을 쓰는 것이 좋다. 말이 길어지다 보면 자칫 주어와 서술어가 호응이 되지 않거나 목적어가 빠지는 등 문법도 틀리고, 말의 의미도 불분명해질 가능성이 크기 때문이다. 물론 짧은 문

민주주의는 잘 가꾸어야 합니다.
조금만 소홀하면 금세 시들어버립니다.
끊임없이 되돌아보고
일상에서 민주주의를 실천해야 합니다.

장만 쓰는 것도 문제다. 그러면 어딘가 말이 좀 어눌해 보일 수 있고, 흐름이 뚝뚝 끊기는 듯한 느낌도 줄 수 있다. 때문에 적당한 리듬감이 중요하다. 짧은 문장을 기본으로 하되 중간 정도 길이의 문장과 긴 문장을 간혹 섞어서, '강·약·중강·약'의 리듬을 만들어가며 말하는 것이 가장 듣기가 좋다.

문재인 대통령은 말할 때 쓰는 문장의 호흡이 비교적 짧은 편이다. 그래서 알아듣기가 쉬운 대신, 다소 어눌해 보이기도 한다. 이를 의식해서인지, 미리 준비한 연설 등을 할 때는 짧은 문장 사이사이에 긴 문장과 중간 길이의 문장을 섞어 강약을 주고, 말 전체에 긴장감과 리듬감을 부여한다.

앞의 6·10 민주항쟁 31주년 기념사를 읽어보라. "학생들이 앞장서 '호헌철폐 독재타도'를 외쳤습니다"라는 문장부터는 짧은 문장이 계속해서 병렬적으로 이어진다. 그러다 "4·19로부터 이어온 각 분야의 운동이 하나로 모였고, 각자가 간직하고 키워온 민주주의를 가지고 촛불혁명의 광장으로 다시 모였습니다"라는 다소 긴 호흡의 문장에서 내용을 통합하며 주의를 집중시킨다. 이어지는 부분 역시 비

문재인의 말하기

숫한 양상으로 이어진다.

자신은 분명 이렇게 말했는데 다른 사람들은 아니라고 한다면, 일단 짧은 문장으로 말하는 연습을 해보라. 그렇게 짧은 문장으로 말하는 데 어느 정도 숙달이 되었을 때 긴 문장을 끼워 넣으며 강·약·중강·약으로 리듬감 있게 말하는 연습을 해보라. 틀림없이, 타인에게 오해받는 경우가 줄어들 것이다. 어디 그뿐인가. 말 잘하는 사람이란 타이틀을 얻게 될지도 모를 일이다.

2장

내 마음을
들여다본
것처럼

상대방의 언어로
말한다는 것

2018년 4월 27일.

그야말로 역사에 길이 기록될 만한 날이었다. 남북정상회담이 열린 그날 아침, 모든 국민들이 그러했겠지만 나 역시 초조하게 남북정상회담 중계를 기다리고 있었다. 사무실에서 자리를 지키고는 있었으나, 도저히 일이 손에 잡히지 않았다.

남북 정상의 만남이 예정된 오전 9시 30분 직전, 나는 슬그머니 스마트폰을 들고 사무실 밖으로 향했다. 역사적인 장면을 직접 보지 않고서는 도통 견딜 수 없었기 때문이다. 마침내 두 정상이 만나 서로 손을 맞잡았을 때에는 약간 울컥하기까지 했다. 한편으로는 이 모든 모습이 너무 비현실적으로 느껴지기도 했다. 눈앞에 보이는 이미지들이 기존의 내 상식과는 철저히 어긋났다. 이미지에 압도된 탓인지, 소위 '말하기 전문가'라는 타이틀을 갖고 있음에도 나는 회담에서 오고 간 말들에 대해선 거의 신경조차 쓰지 못했다.

소통에의 의지를 드러내려면 ————

시간이 어느 정도 흐르고 난 후에야, 남북정상회담에서 오고 간 말들에 대해 차분히 들여다볼 수 있었다. 그리고 그때야 깨달았다. 이 자리를 위해 문재인 대통령이 준비한 말들은 그냥 넘기기에는 아까운, 정말 최고의 말들이었다는 사실을.

그중에서도 김정은 위원장 등을 손님으로 맞이한 데 대해 주인 입장에서 건넨 문재인 대통령의 만찬 환영사는 환상적이었다. "김정은 국무위원장과 리설주 여사 그리고 귀빈 여러분"으로 시작하는 이 말은 대화 상대방인 김정은

문재인의 말하기

위원장과 리설주 여사는 물론 이 모습을 직간접적으로 보고 듣게 될 북한의 모든 사람들에게 전하는 메시지로서 손색이 없었다.

> 북측 속담에 '한가마밥 먹은 사람이 한울음을 운다'고 했습니다. 우리는 찾아온 손님에게 따뜻한 밥한 끼 대접해야 마음이 놓이는 민족입니다. 오늘 귀한 손님들과 마음을 터놓는 대화를 나누고 풍성한 합의와 함께 맛있는 저녁을 갖게 되어 매우 기쁩니다. 김정은 위원장이 특별히 준비해주신 평양냉면이 오늘 저녁의 의미를 더 크게 해주었습니다.
>
> — 문재인 대통령 만찬 환영사 (2018.4.27.)

문재인 대통령은 환영사에서 '한가마밥 먹은 사람이 한울음을 운다'라는 북한 속담을 인용했다. 우리나라 사람들 가운데 이 말을 들어본 이가 몇이나 있을까? 아마 그렇게 많지는 않을 것이다. 심지어 평소 배려가 넘치는 그답지 않게, 이 속담이 무슨 뜻인지조차 언급하지 않는다. 언뜻 생각하면, 우리나라 국민들의 이목이 집중된 자리에서 이렇게 불친절한 언어를 쓴 그의 선택에 고개를 갸웃하게 될 정도다.

하지만 이는 하나만 알고 둘은 모르는 것이다. 문재인 대통령의 말은 우리나라 국민들을 향한 것이 아니었다. 그는 철저히 만찬장으로 초대한 북측 사람들을 위해 말하고 있었다. 그들에게 익숙한 속담으로 소통에 대한 의지를 드러낸 것이다(아쉬운 대로 내가 그 뜻이 무엇인지 찾아봤다. '한가마밥 먹은 사람이 한울음을 운다'는 말은 '처지가 같고 같은 환경의 영향을 받은 사람은 뜻이나 행동이 서로 통한다'는 뜻이란다. 우리가 하나의 민족이라는 점을 강조하기에 매우 적합한 말이다. 그러면서도 먹는 행위를 가지고 그 뜻을 표현했기에, 만찬 환영사에도 더없이 잘 어울린다. 이 속담을 선택한 센스가 얼마나 탁월한지 알 수 있다).

말이 곧 정성이다 ─────

생소한 속담을 꺼내든 문재인 대통령은 이번엔 북한 시인의 시를 인용한다. 한 번 더 손님의 언어를 사용해 그들을 존중해준 셈이다. 이번에는 만남의 중요성을 강조하는 이야기다.

　　북측의 계관시인 오영재 시인은 우리에게 이렇게 호소했습니다.

　　"이제 만났으니 헤어지지 맙시다, 다시는 다시는. 이 수난의 역사, 고통의 역사, 피눈물의 역사를 되풀이하지 맙시다. 또다시 되풀이된다면 혈육들의 가슴이 터져 죽습니다. 민족이 죽습니다. 반세기 맺혔던 마음의 응어리도 한순간의 만남으로 다 풀리는 그것이 혈육입니다. 그것이 민족입니다."

　　나는 오늘 우리의 만남으로 민족 모두의 마음속 응어리가 풀어지길 간절히 희망합니다. 한가마밥을 먹으며 함께 번영하게 되길 진심으로 바랍니다.

— 문재인 대통령 만찬 환영사 (2018.4.27.)

오영재는 전남 강진에서 태어나 전쟁 때 인민군으로 입대했으며, '혁명적 수령관(!)'을 시적 정서로 표현하는 것에 능했던 북한의 유명 시인이다. 우리나라의 국민적 정서와는 너무나 동떨어진 이력과 사상을 지닌 인물이다. 그러나 문재인 대통령은 이에 개의치 않는다. 이런 시인의 시를 인용했다는 것이 반대 세력에게 비판의 빌미를 줄지 모르는데도, 그에게는 '남북 화해' '평화 정착'이라는 대의가 더 중요했다.

이 정도만으로도 손님에 대한 정성이 대단하다 할 텐데, 문재인 대통령은 마무리까지 완벽하게 한다.

> 김정은 국무위원장과 귀빈 여러분,
> '길동무가 좋으면 먼 길도 가깝다'는 북측 속담이 참 정겹습니다. 김 위원장과 나는 이제 세상에서 둘도 없는 좋은 길동무가 되었습니다. 우리가 함께 손잡고 달려가면 평화의 길도, 번영의 길도, 통일의 길도 성큼성큼 가까워질 것입니다.
> ─ 문재인 대통령 만찬 환영사 (2018.4.27.)

'길동무가 좋으면 먼 길도 가깝다' 역시 우리나라 국민이라면 처음 들어봤을 법한 생소한 속담이다. 그러나 들었을 때 무슨 뜻인지 바로 유추가 가능하다. 게다가 '서로 마음이 통하는 사람과 일하면 힘도 덜 들고 성과도 좋다'는 메시지를 전하며 환영사를 마무리 짓는 데 더할 나위 없이 안성맞춤이다.

문재인 대통령의 환영사를 살펴보면, 한국에 방문한 귀한 손님을 배려하기 위해 무던히 애썼다는 느낌이 절로 든다. 이를 위해 분명 북한을 공부했을 것이고, 김정은 위원장을 연구했을 것이다. 이는 분명 세심한 노력이고 정성이다. 타고난 언변으로 될 일이 아니다.

시간과 에너지가 필요한 일 ————

비단 이날의 환영사뿐일까. 문재인 대통령은 타국 국민을 대상으로 한 연설에서 대체로 그 나라 말로 인사를 하고, 그 나라 사람들이 자부심을 느낄 만한 소재를 가지고 이야기를 이어간다.

2017년 12월 중국을 방문해 베이징대학교에서 연설을 했을 때, 그는 "따지아 하오大家好!"라고 인사했다. 이 말은 "여러분, 안녕하세요!"라는 뜻이다. 한편 2018년 6월 러시아를 방문해 러시아 하원에서 했던 연설에서는 "발쇼에 스빠씨-바Большое спасибо"라고 인사했다. 이 말은 "정말 감사합니다"라는 뜻이다.

> 베이징대학 학생 여러분, 교수님과 교직원 여러분, 존경하는 하오핑 서기님, 린젠화 총장님,
>
> 따지아 하오! 따뜻한 박수로 맞아주셔서 감사합니다. 중국에서 가장 유서 깊은 대학이며 최고의 명문 베이징대학을 방문하게 되어 아주 기쁩니다.
>
> (…) 베이징대학의 4대 자랑거리가 일탑호도—塔湖圖라고 들었습니다. 이름을 지을 수 없을 정도로 아름답다는 캠퍼스 중앙의 호수, '미명호未名湖(이름 없는 호수)' 거기에 비치는 보야탑博雅塔의 모습은 과연 명불허전입니다.
>
> (…) 한국의 근대사에 족적을 남긴 인물들 중에도 베이징대학 출신이 있습니다. 1920년대 베이징대학 사학과에서 수학하였던 이윤재 선생은 일제의 우리말과 글 말살 정책에 맞서 한글을 지켜냄으로서 나라를 잃은 어두운 시절 빛을 밝혀주었습니다.

문재인의 말하기

(…) 한국에도 널리 알려진 중국의 대문호 루쉰 선생은 "본래 땅 위에는 길이 없었다. 걸어가는 사람이 많으면 그게 곧 길이 되는 것이다"라고 했습니다. 미지의 길을 개척하는 여러분의 도전정신이 중국과 한국의 '새로운 시대'를 앞당길 것이라 믿습니다. 여러분의 열정과 밝은 미래가 한·중 관계의 새로운 발전으로 이어지기를 기원하며 강연을 마칠까 합니다. 경청해주서서 감사합니다.

— 베이징대학교 강연(2017.12.15.)

러시아 국민 여러분, 한국인들의 서재에는 도스토옙스키, 톨스토이, 투르게네프의 소설과 푸시킨의 시집이 꽂혀 있습니다. 나도 젊은 시절, 낯선 러시아의 지명과 등장인물을 더듬으며 인간과 자연, 역사와 삶의 의미를 스스로 묻곤 했습니다.

20세기 초, 한국에 소개된 러시아 근대문학은 한국의 현대문학 발전에 큰 영향을 주었습니다. 한국에서 러시아 문학은 휴머니즘 교과서였습니다. 인간의 존엄성과 영성에 대한 탁월한 묘사를 통해 물질문명을 살아가는 우리에게 정신적 가치의 중요성을 남겨 주었습니다.

지구 바깥으로 나간 인류 최초의 우주인 유리 가가린도 과학기술 이상의 깨달음을 우리에게 주었습니다. 지구가 우리에게 얼마나 소중하고 절대적인 존재인지 알려주었습니다. 러시아의 저력은 이와 같이 인간에 대한 깊은 이해에 있다고 생각합니다.

(…) "한 명의 지혜는 좋지만 두 명의 지혜는 더 좋다(아진 움 하라쇼, 아 드바 롯쉐)"라는 러시아 속담이 지금 우리에게 필요합니다. 러시아의 지혜와 한국의 지혜, 여기에 북한의 지혜까지 함께한다면 유라시아 시대의 꿈은 대륙의 크기만큼 크게 펼쳐질 것입니다.

(…) 자연과 인간이 공존하는 유라시아에 인류의 새로운 희망이 있습니다. 전쟁의 시대를 넘어 평화와 번영의 시대를 향해 러시아와 한국이 함께 걸어갈 것입니다.

발쇼예 스빠씨-바! 감사합니다.

— **러시아 하원 연설** (2018.6.21.)

문재인의 말하기

자연과 인간이 공존하는 유라시아에
인류의 새로운 희망이 있습니다.
전쟁의 시대를 넘어 평화와 번영의 시대를 향해
러시아와 한국이 함께 걸어갈 것입니다.

문재인 대통령은 다른 나라를 방문했을 때 유독 그 나라의 속담을 많이 쓰곤 한다. 특히 두 나라 사이의 현안이나 역사적 특수성을 고려해 속담을 고르는 편인데, 이는 상대방 입장에서 보면 대단히 기분 좋은 행위가 아닐 수 없다. 베이징대학교 강연과 러시아 하원 연설 모두 이런 노력이 잘 드러나 있다. 우리나라에 영향을 미친(더 정확히 말해 도움을 준) 부분을 부각하면서 친근함과 고마움을 강조하고, 이를 바탕으로 그 나라 사람들에게 익숙한 대문호의 말이나 속담을 인용해 양국의 미래를 어떻게 펼쳐갈 것인지 메시지를 전달하는 방식이다.

이런 방식이 효과적이라는 점을 머리로는 잘 이해해도 막상 실천하기 어려운 이유는 상대방과의 소통을 위해 내 시간과 에너지를 투자해야 한다는 데 있다. 상대방이 무엇을 좋아하고 싫어하는지, 어디에 자부심을 느끼고 어디에 콤플렉스를 갖고 있는지 미리 세심하게 살펴보아야 한다. 그렇게 고른 소재를 펼쳐놓고 내가 전달하고자 하는 메시지와 가장 어울리는 것을 골라 자연스럽게 엮어내야 한다. 이를 위해서는 상대방에 대한 공부가 필수적이다.

자신의 의사나 진심이 상대방에게 잘 전달되지 않는다

문재인의 말하기

고 불평하는 사람들은 문재인 대통령이 원활한 소통과 대화를 위해 어떤 노력을 기울이는지 생각해보길 바란다. 그동안 내가 오로지 '내 이야기'를 쏟아내는 데 급급해 '상대방의 마음'과 '상대방의 언어'를 망각하고 있지는 않았는지 돌아볼 일이다.

이름을
불러주는 것의 의미

사람의 이름만으로 노래가 될 수 있을까?

여기, 세상에서 가장 슬픈 노래가 있다. 세월호 추모곡 〈이름을 불러주세요〉(작사, 작곡 윤민석). 노래는 지극히 단조로운 음정으로 이루어져 있다. 하지만 노래가 시작되는 순간, 슬픔, 분노, 안타까움, 애통함 등 헤아릴 수 없이 많은 감정들이 피어나 마음속에서 요동을 친다. 그 노래의 가사는 이러하다.

> "그리운 이들의 이름을 하나씩 아껴 불러봅니다.
>
> 잊지 않겠습니다.

1반 고해인, 김민지, 김민희, 김수경, 김수진……."

　304명 희생자, 미수습자 들의 이름으로만 만들어진 이 곡은 처절하다. 10여 분 이상 계속되는 희생자와 미수습자 들의 이름 부르기는 그 자체로 비극의 모든 것을 상징하는 듯하다.

　이 노래를 들으며 이름이란 무엇인지 생각해본다. 누군 가의 이름을 불러준다는 건 그 어떤 말보다도 큰 마음의 울림을 일으킨다. 그 이름 속에 담긴 그의 인생 전체가 한 꺼번에 나에게 다가오기 때문이리라.

살아 있는 칭찬의 교과서 ────

　널리 알려진 김춘수 시인의 시 〈꽃〉을 보자. "내가 그의 이름을 불러주기 전에는 그는 다만 하나의 몸짓에 지나지 않았다. 내가 그의 이름을 불렀을 때 그는 나에게로 와서 꽃이 되었다"라는 구절은 상대방의 이름을 불러준다는 것 이 어떤 의미인지 정확하게 보여준다.

이름을 불러주었을 때 그는 비로소 나에게 의미 있는 사람이 된다. 그런 점에서 이름이란 세상 그 무엇과도 바꿀 수 없는 무게감을 갖는다.

이름 불러주기는 슬픈 상황에서만큼 기쁜 상황에서도 큰 위력을 발휘한다.

2018년 평창올림픽은 참으로 많은 명장면, 명경기를 남겼다. 은메달을 차지한 스피드스케이팅 이상화 선수와 금메달을 차지한 고다이라 선수가 울며 얼싸안는 장면, "영미!"라는 희대의 유행어(!)를 남긴 컬링 여자 대표팀의 경기 장면 등 이루 헤아리기 어려울 정도다.

그중에서 내가 가장 감동적으로 봤던 것은 평창 패럴림픽 아이스하키에서 동메달을 획득한 우리 대표팀의 3-4위 결정전이었다. 이탈리아를 1-0으로 꺾은 경기였는데, 경기 종료 10초 전부터 모든 관중들이 다함께 "십, 구, 팔, 칠…"을 셀 정도로 간절한 마음으로 하나 된 모습을 보였다. 경기가 끝난 후 선수들이 둥그렇게 모여 태극기를 빙판 위에 잘 모셔두고 함께 애국가를 부른 장면은 두고두고 기억될 만큼 감동적이었다.

문재인 대통령은 이 모습을 경기장에서 직접 지켜봤다.

문재인의 말하기

경기가 끝난 후에는 빙판에 내려가 선수들을 한 명 한 명 꼭 안아주며 축하를 보냈다. 그러고는 청와대로 돌아와 열일곱 명의 선수들에게 각각 축전을 보내며 고마움을 표시했다.

그런데 그 축전이 예사롭지 않았다. 우선 모든 선수에게 각각 보낸 만큼 전체 분량이 매우 길다. 그중 일부를 아래에 옮긴다.

저마다의 사연과 간절한 노력이 빙판을 달려 모두의 염원을 이뤘습니다. 멋집니다.

든든한 우리의 캡틴, 한민수 선수. 오늘 우리 안의 모든 좌절과 절망을 한 선수의 눈물에 실어 보냅니다. 한 선수를 지켜준 아내 민순자 님과 소연, 소리 자매는 맘껏 자랑스러워하십시오. 아빠가 자랑스럽다고 이야기해준 따님들 덕분에 국민들이 힘을 얻었습니다.

최시우 선수는 3년 전만 해도 평범한 고등학생이었지만 지금은 동계 패럴림픽 역사에 남을 주인공이 되었습니다. 원주 치악산의 정기를 받아 힘이 넘치는 아들을 아버지 최성민 님이 잘 보듬어주셨습니다. 아이스하키의 세계로 이끌어준 김정호 코치에게도 감사드립니다.

최광혁 선수는 남과 북, 장애와 비장애라는 두 개의 벽을 넘어 인간이 가장 아름다울 수 있는 곳에 도달했습니다. 최 선수와 함께 어려운 시간을 이겨낸 아버님과 동생도 훌륭합니다. 아들같이 품어준 여명학교 조명숙 선생님과 운동을 권유해주신 한국복지대학교 교직원께도 감사드립니다.

조영재 선수는 빛나는 메달과 함께 우리 국민들의 힘과 용기가 되었습니다. 아버지 조제성 님, 어머니 고광숙 님, 동생 조영채 님에게 메달을 걸어주기 바랍니다. 좋아하는 낚시로 휴식을 취하고 다시 강한 슈팅을 보여주길 바랍니다.

패럴림픽 출전 세 번째인 베테랑 조병석 선수가 있어 마음이 놓였습니다. 4살 나이에 겪은 교통사고와 장애를 이겨내도록 힘이 되신 부모님께 감사드립니다. 오늘 환희와 감동의 드라마는 아내 하경희 님과 함께 완성된 것입니다.

(…) 파라아이스하키팀의 평창 패럴림픽 동메달을
국민과 함께 축하합니다.

— 평창 패럴림픽 동메달리스트 아이스하키 대표팀 선수들에게
보낸 대통령 축전(2018.3.17.)

어떤가? 읽는 것만으로 코끝이 찡해지지 않은가? 만약
자신이 남을 잘 칭찬할 줄 모르는 사람이라면, 이 축전 전
문을 반드시 읽어보라고 말하고 싶다. 한 번 읽고 말 것이
아니라 두 번, 세 번 읽고 따라 써보길 권한다. 이 축전은
감히 말하건대 '칭찬 교과서'라고 할 만하다. 칭찬은 문재
인 대통령처럼 하면 된다.

문재인 대통령은 그저 선수 한 명 한 명의 이름을 불러
주는 것에 그치지 않았다. 그 선수들이 동메달을 따기까지
보살펴준 가족들의 이름을 일일이 언급했다. 여기서 그치
지 않고 이 선수를 아이스하키로 인도한 코치의 이름까지
불러준다.

선수들의 이름을 불러주는 것까지는 조금만 세심하게
생각하면 누구나 떠올릴 수 있는 부분이다. 그러나 그들의
가족이나 코치의 이름까지 불러준다는 건, 웬만한 진심이

없으면 떠올리기 힘든 부분이다.

이 축전을 받은 선수들은 아마도 자기의 이름이 불린 것보다 자기가 사랑하고 고마워하는 이들, 즉 부모님과 형제·자매, 아내, 아이, 스승의 이름이 자기 덕분에 대통령에게 함께 불렸다는 사실에 크게 기쁠 것이다. 그리고 자기가 이룬 쾌거가 한층 더 자랑스러울 것이다. 문재인 대통령이 이 선수들에게 선사한 건 단순한 칭찬이나 축하를 넘어선다.

신의현 선수의 크로스컨트리 남자 7.5km 좌식 부문 금메달을 축하합니다.

시상대 가장 높은 곳에서 듣고 싶다던 애국가가 평창의 하늘에 울려 퍼졌습니다. 불굴의 용기와 의지가 벅찬 선율이 되어 모두의 가슴에 고동쳤습니다.

신 선수가 혼신의 힘을 다해 달려온 61.75km 슬로프는 가족과 함께 걸어온 인생의 길입니다. 아들을 일으킨 어머니 이회갑 님, "신의현"을 연호하는 소리에 눈물을 쏟아낸 아버지 신만균 님, 남편의 도전을 응원한 아내 김희선 님, 아빠가 더 힘들까 봐 속으로

문재인의 말하기

눈물을 꾹 참았다던 은겸 양과 병출 군, 모두의 승리입니다.

  신의현 선수가 쓴 희망의 역사가 국민들게 큰 기쁨과 용기를 주었습니다. 수고 많으셨습니다.

**— 평창 패럴림픽 금메달리스트 신의현 선수에게 보낸
대통령 축전**(2018.3.17.)

마치 문재인 대통령이 신의현 선수의 자서전을 대신 써준 것만 같다. 여기에도 어김없이 신의현 선수는 물론 그의 가족들 이름이 줄줄이 등장한다. 단순히 이름만 불리는 것이 아니라 신의현 선수가 평소 했던 말, 그의 부모님과 아내, 아이들의 사연을 몰랐다면 할 수 없었을 이야기들이 펼쳐진다.

이 축전을 읽는 것만으로 신의현 선수의 인생이 어떠했을지 대충은 짐작이 간다. 그와 가족들이 얼마나 고생했을지, 고난을 딛고 일어서기까지 얼마나 많은 노력을 기울였을지 알 것만 같다. 그에게 관심이 없던 사람들조차 그에게 응원을 보내고 싶은 마음이 저절로 생겼을 것이다.

누군가가 나를 알아봐준다는 것 ————

전 국민의 축하를 한몸에 받은 메달리스트만 있었던 건 아니다. 평창올림픽에서 가장 큰 구설수에 올랐던 선수가 있다. 스피드스케이팅 국가대표였던 김보름 선수다. 김 선수는 나쁜 의미의 스포트라이트를 받게 되면서, 매스스타트 부문 초대 은메달리스트에 등극했지만 마음껏 기뻐하지조차 못했다. 메달 획득이 확정된 뒤에도 빙판장에서 관중석을 향해 속죄의 큰절을 올리기까지 했다. 그럼에도 많은 이들이 그녀의 메달 획득을 달가워하지 않았다.

자칫 그녀 편을 들었다가는 국민들의 반감을 살 수 있을 만한 상황이었다. 그러나 문재인 대통령은 사람들이 칭찬하기를 머뭇거리는 그 순간, 용기를 내어 그녀에게 칭찬과 격려의 말을 건넸다.

> 동계올림픽 스피드스케이팅 여자 매스스타트 김
> 보름 선수의 은메달은 고된 훈련을 견뎌낸 당연한 결
> 과입니다. 축하합니다.
> 김 선수는 조용한 기부로 이웃들의 아픔과 함께해

온 선수입니다. 앞으로도 눈부시게 활약해주세요. 고
생 많았습니다.

— 평창올림픽 매스스타트 은메달리스트 김보름 선수에게 보낸
대통령 축전 (2018.2.25.)

다른 선수들에게 보낸 축전들과는 톤이 많이 다른 걸 눈
치챘는가? 만약 문재인 대통령이 다른 선수들에게 보낸 것
과 마찬가지 톤의 축전을 보냈다면 어땠을까. 대통령 자신
보다도 김보름 선수가 더 크게 이슈가 되면서 많은 욕을
먹었을 것이다. 게다가 이때는 김보름 선수를 둘러싼 이런
저런 논란의 진상이 밝혀지지 않았을 때이므로 문재인 대
통령 역시 조심스러웠을 것이다.

문재인 대통령은 담담한 어조로 그녀를 축하한다. 그런
데 가만히 들여다보면, 이는 축하라기보다 위로의 느낌이
강하다. 문재인 대통령은 "고된 훈련을 견뎌낸 당연한 결과"
라며 그녀의 노고를 인정해주는 한편, 그녀가 "조용한 기부
로 이웃들의 아픔과 함께해온 선수"라며 대중이 그녀에 대
해 갖고 있는 부정적인 이미지를 불식시키려고 노력한다.
김보름 선수 입장에서는 문재인 대통령이 자신의 진짜 모

습을 알아봐주었다는 생각에 더욱 감동받지 않았을까?

칭찬을 할 때, 축하를 보낼 때, 위로를 건넬 때, 상대방의 이름을 부르는 사람은 의외로 그리 많지 않다. 그렇기 때문에 이름 한 번 불러주는 것만으로 오히려 더 상대방의 기억에 남을 수 있고, 상대방에게 내가 더 신경 써서 이야기를 건넨 듯한 느낌을 전해줄 수 있다. 효과는 좋으면서, 따라 하기 어렵지도 않은 아주 훌륭한 팁이다.

내 이야기를
꺼내야 하는 순간

"요즘 직장 상사 때문에 너무 우울해. 막말은 예사로 하고 자기보다 일찍 퇴근하면 대놓고 비아냥대는데, 아무래도 우울증에 걸린 것 같아."

"정말? 나도 요새 상사 때문에 너무 골치가 아파. 어제는 갑자기 회식을 하자는데…."

내가 무슨 고민을 꺼내놓으면, 꼭 자기 경험을 이야기하는 사람이 있다. 나는 내 상황이 너무 걱정되고 절박해 고민을 나누고 싶은 것인데, 내 이야기를 들어주기는커녕 자기 이야기로 화제를 아예 돌려버리는 사람들. '내 경험을 이야기해주는 게 당신에게 도움이 될 것'이라고 애써 자기

합리화를 하겠지만, 사실은 남의 이야기를 듣는 것이 따분하고, 은근히 자기 과시도 하고 싶고, 대화의 주도권도 잡고 싶은(대화의 주도권이 자기에게 없으면 불안해지는) 이들이다.

내 이야기를 하는 것은, 그래서 때때로 위험하다. 적재적소에 꺼내는 것이 아닌 이상, 상대방에게 지루함이나 불쾌감을 안겨줄 수 있다. 자기 이야기를 즐겨 하는 문재인 대통령이 이런 위험을 어떻게 비껴가는지 살펴보자.

역사 속 개인의 이야기 ─────

(…) 67년 전인 1950년, 미 해병들은 '알지도 못하는 나라, 만난 적도 없는 사람들'을 위해 숭고한 희생을 치렀습니다. 그들이 한국전쟁에서 치렀던 가장 영웅적인 전투가 장진호 전투였습니다. 장진호 용사들의 놀라운 투혼 덕분에 10만여 명의 피난민을 구출한 흥남철수 작전도 성공할 수 있었습니다.

그때 메러디스 빅토리 호에 오른 피난민 중에 저

의 부모님도 계셨습니다.

'피난민을 구출하라'는 알몬드 장군의 명령을 받은 고故 라루 선장은 단 한 명의 피난민이라도 더 태우기 위해 무기와 짐을 바다에 버렸습니다. 무려 만 사천 명을 태우고 기뢰로 가득한 '죽음의 바다'를 건넌 자유와 인권의 항해는 단 한 명의 사망자 없이 완벽하게 성공했습니다. 1950년 12월 23일 흥남부두를 떠나 12월 25일 남쪽 바다 거제도에 도착할 때까지 배 안에서 다섯 명의 아기가 태어나기도 했습니다. 크리스마스의 기적! 인류 역사상 최대의 인도주의 작전이었습니다.

2년 후, 저는 빅토리 호가 내려준 거제도에서 태어났습니다. 장진호의 용사들이 없었다면, 흥남철수작전의 성공이 없었다면, 제 삶은 시작되지 못했을 것이고, 오늘의 저도 없었을 것입니다. 그러니 여러분의 희생과 헌신에 대한 고마움을 세상 그 어떤 말로 표현할 수 있겠습니까? 존경과 감사라는 말로는 너무나 부족한 것 같습니다.

저의 가족사와 개인사를 넘어서서, 저는 그 급박

한 순간에 군인들만 철수하지 않고 그 많은 피난민들을 북한에서 탈출시켜준 미군의 인류애에 깊은 감동을 느낍니다. 장진호 전투와 흥남철수작전이 세계전쟁 사상 가장 위대한 승리인 이유입니다.

제 어머니의 말씀에 의하면, 항해 도중 12월 24일 미군들이 피난민들에게 크리스마스 선물이라며 사탕을 한 알씩 나눠줬다고 합니다. 알려지지 않은 이야기입니다. 비록 사탕 한 알이지만 그 참혹한 전쟁통에 그 많은 피난민들에게 크리스마스 선물을 나눠준 따뜻한 마음씨가 저는 늘 고마웠습니다.

존경하는 장진호 용사와 후손 여러분! 대한민국은 여러분과 부모님의 희생과 헌신을 기억하고 있습니다. 감사와 존경의 기억은 영원히 계속될 것입니다.

한미동맹은 그렇게 전쟁의 포화 속에서 피로 맺어졌습니다. 몇 장의 종이 위에 서명으로 맺어진 약속이 아닙니다. 또한 한미동맹은 저의 삶이 그런 것처럼 양국 국민 한 사람 한 사람의 삶과 강하게 연결되어 있습니다. 그렇기 때문에 저는 한미동맹의 미래를 의심하지 않습니다. 한미동맹은 더 위대하고 더 강한

문재인의 말하기

동맹으로 발전할 것입니다.

존경하는 장진호 용사와 후손 여러분! 67년 전, 자유와 인권을 향한 빅토리 호의 항해는 앞으로도 계속되어야 합니다. 저 또한 기꺼이 그 길에 동참할 것입니다. 트럼프 대통령과 굳게 손잡고 가겠습니다.

위대한 한미동맹의 토대 위에서 북핵 폐기와 한반도 평화, 나아가 동북아 평화를 함께 만들어가겠습니다.

— 장진호 전투 기념비 방문 축사 (2017.6.28.)

대통령 취임 이후, 첫 번째 한미정상회담을 위해 미국으로 건너간 문재인 대통령은 첫 공식 일정으로 버지니아주 콴티코 해병대 국립박물관의 장진호 전투 기념비를 방문한다. 우리나라 사람들조차 이전까지 장진호 전투에 대해서는 거의 알지 못했다. 그러나 문재인 대통령의 방문과 연설로 인해, 이제 장진호 전투는 우리나라 국민은 물론 미국인들에게도 큰 의미를 갖게 되었다.

문재인 대통령의 이날 방문 및 연설의 목적은 미국과 우리나라가 견고한 동맹을 맺은 사이라는 사실을 만방에 알

저의 가족사와 개인사를 넘어서서,
저는 그 급박한 순간에 군인들만 철수하지 않고
그 많은 피난민들을 북한에서 탈출시켜준
미군의 인류애에 깊은 감동을 느낍니다.
장진호 전투와 흥남철수작전이
세계전쟁 사상 가장 위대한 승리인 이유입니다.

리는 데 있었다. 이를 위해 어느 곳을 첫 방문지로 해야 할지 고민이 컸을 것이다. 그런 점에서 장진호 전투 기념비를 첫 방문지로 택한 것은 정말 탁월한 아이디어였다. 그러나 이곳의 의미와 현재 한미동맹의 중요성을 연결해가며 감동을 준 대통령 연설은 이보다 훨씬 더 탁월했다는 데 이견이 없을 것이다. 이날의 연설은 '내 이야기를 언제, 어떻게 꺼내야 최고의 효과를 낼 수 있느냐'는 질문에 대한, 거의 완벽한 모범답안이었다.

문재인 대통령은 피난민이었던 부모님의 이야기, 그런 부모님을 구해준 미군의 이야기, 그로 인해 세상에 태어날 수 있었던 자신의 이야기와 함께 장진호 전투에 얽힌 역사적 사실을 씨실과 날줄처럼 엮어가며 연설을 펼친다. 실제 체험담이 등장하기에, 마치 그 당시의 상황이 손에 잡힐 듯이 생생하게 다가온다. 그 시절의 힘든 상황과 미군에 대한 고마움이 느껴지며 커다란 감동마저 안겨준다.

개인적인 이야기와 역사적 사실을 제시한 후에는 마침내 이를 현재의 이야기로 끌어온다. "한미동맹은 그렇게 전쟁의 포화 속에서 피로 맺어졌"으므로 쉽사리 끊어지지 않을 것이란 사실, 이런 역사를 바탕으로 앞으로 "더 위대하고 강한 동맹으로 발전할 것"이라는 점을 강조한다. 듣는 이로 하여금 딴생각을 할 수 없게 만드는, 몰입도 강한 연설의 전형이다.

"내가 해봐서 아는데" ————

장진호 전투 기념비 연설은 개인적인 이야기를, 내 말하고자 하는 의도를 더욱 돋보이게 하고 듣는 이들에게 감동을 선사하기 위해 딱 맞게 활용한 사례였다. 이외에도 문재인 대통령은 자기 과시를 하기 위해서가 아니라 상대가 나를 편안하게 여기도록 해 공감대를 형성하고자 개인적인 이야기를 꺼내놓기도 한다.

2017년 11월 30일, 문재인 대통령은 새로운 정부의 유일한 신생 부서인 중소벤처기업부 출범식에 참석해 축사를 한다. 그는 "중소기업은 제조업 생산액의 절반을 만들어내는 대한민국 경제의 뼈대이자 전체 사업체 수의 99퍼센트, 고용의 88퍼센트를 차지하는 일자리의 원천"이라며 "대기업의 갑질과 불공정거래로부터 중소기업을 지켜낼 것"이라고 강조했는데, 이때 축사를 다음과 같이 시작했다.

> 존경하는 국민 여러분, 중소·벤처 기업인과 소상
> 공인, 자영업자 여러분, 저는 골목상인의 아들입니다.
> 저의 부모님도 장사로 생계를 유지하며 자식들을 키
> 웠습니다.
> 여러분의 어려움을 누구보다 잘 알고 있습니다.
> 중소기업을 보호하고 육성하겠다는 정부의 의지는
> 확고합니다. 홍종학 장관의 다짐을 제가 뒷받침하겠
> 습니다.
> ― 중소벤처기업부 출범식 축사 (2017.11.30.)

똑같이 내 이야기를 하더라도 누군가는 이렇게 말한다.
"내가 해봐서 아는데……."

이런 말을 들으면 어떤 생각이 드는가? '아, 저 사람은
이런 경험이 있어서 나보다 판단을 더 잘 하겠구나' 하며
감탄하게 되는가 아니면 '거, 되게 잘난 척하네. 잘 알지도
못하면서' 하며 거부감을 갖게 되는가? 대부분의 사람은
후자처럼 생각할 것이다.

문재인 대통령은 이런 실수를 저지르지 않는다. 골목상인의 아들이었던 본인 이야기를 꺼내면서 아마 그때 이야기를 더 많이 하고 싶은 욕구가 들었을 수도 있고, 그때의 경험을 토대로 무언가 더 아는 척을 하고 싶은 마음이 생겼을 수도 있다. 인간이라면 이런 마음이 드는 게 너무나 당연하다.

그러나 문재인 대통령은 상대방과의 공감대를 형성하고자 하는 목적, 딱 그 목적에 부합하는 정도로만 담백하게 자기 이야기를 꺼내놓고 그 이상 나아가지 않는다. 이미 그는 자신이 "골목상인의 아들"이며 "부모님도 장사로 생계를 유지하며 자식들을 키웠"다는 말만으로 어려운 경기 상황 속에서 고군분투하는 중소기업인의 얼어버린 마음을 충분히 파고들었다. 그 결과, 진정성을 지키면서 겸손한 느낌까지 드는 축사가 완성됐다.

문재인 대통령은 개인적인 이야기를 할 때 다음의 원칙을 꼭 지킨다.

- 말하기의 목적을 분명히 하고, 그에 딱 들어맞는 소재만 활용할 것.

문재인의 말하기

- 자기 이야기를 너무 많이 하고 싶은 욕구를 참을 것.
- 나도 겪어봤으니 이런 점들을 잘 알고 있다는 식으로 말하지 말 것, 즉 아는 척을 하지 말 것.

이 원칙을 잘 지킬 수만 있다면, 당신의 개인적인 이야기도 충분히 보편적인 공감을 얻어낼 수 있을 것이다.

격이 다른
축하와 칭찬의 말

칭찬을 듣고 싫어하는 사람은 거의 없을 것이다. 하지만 진정성이 덜 느껴지는 뻔한 칭찬은 차라리 듣지 않으니만 못하다. 오히려 칭찬을 듣고 떨떠름한 기분이 들 수도 있으니 말이다. 평소 상대방이 칭찬을 많이 하는 사람이라면 그의 말의 무게가 가볍게 느껴질 수도 있다. 거기에 칭찬의 내용에 성의까지 없으면, 그냥 의례적으로 하는 말이겠거니 싶다.

그런데 여기, 격이 다른 칭찬을 할 줄 아는 사람이 있다. 문재인 대통령이다. 이미 우리는 앞서 평창올림픽에서 메달을 딴 선수들에게 보낸 축전을 통해 문재인 대통령이 얼마나 칭찬을 잘 하는 사람인지 확인했다. 이번에는 그가 구체적으로 어떻게 칭찬하는지를 좀 더 집중해 다뤄보고자 한다. 칭찬을 하는 사람과 듣는 사람 모두의 격을 높여주는 그의 칭찬의 말들을 살펴보자.

상대방이 듣고 싶어 하는 말 ————

세계의 젊은이들이 방탄소년단의 노래와 춤, 꿈과 열정에 위안을 받고 용기를 얻었습니다. 'LOVE YOURSELF 轉 TEAR' 앨범이 미국 '빌보드 200' 1위에 오른 것을 축하합니다. 영어가 아닌 언어로 12년 만이고, 한국 가수 최초입니다.

방탄소년단의 뛰어난 춤과 노래에는 진심이 담겨 있습니다. 슬픔을 희망으로, 다름을 같음으로 변화시키는 마법 같은 힘이 있습니다. 일곱 멤버 각자가 자신이 누구인지, 어떻게 살고 싶은지를 노래에 담아 지역과 언어, 문화와 제도를 뛰어넘었습니다.

방탄소년단에 의해 한국 대중음악은 세계 무대를

향해 한 단계 더 도약했습니다. 우리 젊은이들은 케이팝K-POP이라는 음악의 언어로 세계의 젊은이들과 함께 삶과 사랑, 꿈과 아픔을 공감할 수 있게 되었습니다.

빌보드 핫 100 차트 1위도 하고, 그래미상도 타고, 스타디움 투어도 하고, 세계에서 가장 영향력 있는 가수가 되고 싶다는 방탄소년단의 꿈을 응원합니다. BTS와 함께 세상을 향해 자신의 목소리를 내고 있는 팬클럽 '아미'도 응원합니다.

'10대들에게 가해지는 편견과 억압을 막아내겠다'는 뜻의 방탄. 지금부터 진, 슈가, 제이홉, RM, 지민, 뷔, 정국, 일곱 소년의 이름 하나하나를 기억해야겠습니다. 여전히 새로운 시작입니다. 멋진 모습으로 우리 국민들, 세계인들에게 감동을 나눠주어 고맙습니다.

— 대통령 축하 메시지 "노래를 사랑하는 일곱 소년과 소년들의 날개 '아미'에게 축하의 인사를 전합니다"(2018.5.28.)

전 세계 최고의 보이 그룹으로 평가받는 방탄소년단의 'LOVE YOURSELF 轉 TEAR' 앨범이 미국의 빌보드 메인

차트인 '빌보드 100' 1위를 차지한 것을 축하하는 문재인 대통령의 메시지이다. 아이돌 그룹의 성과에 대해 대통령이 직접 축하를 건넨 것은 대단히 이례적인 일이었다. 그러나 방탄소년단이 우리나라를 알리는 데 그 어떤 이들보다 혁혁한 공로를 세운 것을 감안할 때, 이런 축하 메시지는 매우 시의적절한 것으로 보인다.

이 메시지에서 문재인 대통령은 방탄소년단을 그저 형식적으로 축하하지 않는다. 그는 축하를 넘어 '칭찬'을 하고 있다. 게다가 칭찬의 기술이 남다르고, 내용도 매우 디테일하다.

먼저 그는 "영어가 아닌 언어로 12년 만이고, 한국 가수 최초"라는 점을 밝히며 그들이 이루어낸 성과에 대해 구체적으로 언급하며 축하의 인사를 건넨다. 그러고는 "방탄소년단의 뛰어난 춤과 노래에는 (…) 슬픔을 희망으로, 다름을 같음으로 변화시키는 마법 같은 힘이 있"다면서 "일곱 멤버 각자가 자신이 누구인지, 어떻게 살고 싶은지를 노래에 담아 지역과 언어, 문화와 제도를 뛰어넘었"다고 그들이 왜 대단한 그룹인지, 그들의 음악이 어떤 가치를 갖고 있는지 하나하나 짚어준다. 뿐만 아니라 "방탄소년단에 의해 한국 대중음악은 세계 무대를 향해 한 단계 더 도약했"고, "우리 젊은이들은 케이팝이라는 음악의 언어로 세계의 젊은이들과 함께 삶과 사랑, 꿈과 아픔을 공감할 수 있게 되었"다고 이들이 만들어낸 결과가 얼마나 위대한 것인지 칭찬해준다. 마지막으로, 방탄소년단을 잘 모를 수 있는 기성세대들을 위해서인지 그룹 이름에 담긴 깊은 뜻을 설명하며, 멤버 전원의 이름을 하나하나 불러주는 것도 모자라, 이들이 가장 소중하게 여긴다고 하는 팬클럽 '아미'에게도 격려와 응원의 말을 전한다. '축하-칭찬-격려'로 이어지는 단단한 이야기 구성이다.

"멋진 모습으로 우리 국민들, 세계인들에게 감동을 나눠주어 고맙습니다"라는 겸손한 말로 마무리되는 이 축하 메시지는 방탄소년단은 물론 '아미'들에게도 큰 감동으로 다가갔을 것이다. 아미는 타 그룹의 팬클럽과 차별화된 문화로 인해 단순한 팬클럽 그 이상의 존재로 불린다. 이들은 방탄소년단의 SNS를 전파하고, 방탄소년단의 말을 번역하고, 방탄소년단의 영상을 퍼나르며 전 세계에 팬덤을 형성하는 데 일조하고 있다. 그뿐 아니라 '방페(아미는 방탄의 얼굴) 프로젝트'를 시작해 깨끗한 팬덤 문화를 이끌고 있는

데, 방탄소년단이 공공장소에 나타났을 때 불미스러운 사고가 일어나지 않도록 스스로 행동을 절제하는 것으로도 유명하다.

이런 아미는 당연히 방탄소년단의 자부심이자 기쁨일 수밖에 없다. 문재인 대통령은 바로 이 점을 놓치지 않고 축하의 대상인 방탄소년단이 가장 행복해할 만한 이야기를 한 것이다. 실제로 문재인 대통령의 축전을 받은 방탄소년단은 한 방송에서 "특히 아미를 함께 언급해줬다는 게 더 감동적"이라고 밝히기도 했다.

관심 갖지 않으면 몰랐을 부분 ————

문재인 대통령의 축사는 이렇듯 듣는 사람의 기분을 좋게 만들어주는 것 이상의 힘을 가지고 있다. 상대방이 중시하는 가치, 자부심을 가질 만한 부분을 언급함으로써 말에 구체성을 부여한다. 2018년 3월 문재인 대통령이 경찰대학생 및 간부 후보생 합동 임용식에 참석해 건넨 축사에서도 이런 특징이 고스란히 드러난다.

오늘 경찰의 길을 선택한 청년들의 용기가 뜨거운 사명감으로 담금질되어 눈부신 결실을 맺었습니다. 힘들고 치열한 교육, 훈련을 잘 이겨냈습니다. 늠름하고 당당한 169명 청년경찰의 탄생을 진심으로 축하합니다. (…)

청년경찰 여러분, 오늘 여러분이 받은 가슴표장에는 해와 달을 뜻하는 두 개의 동그라미가 그려져 있습니다. 낮에는 해가 되고, 밤에는 달이 되어 국민의 인권과 안전을 지켜달라는 의미입니다.

무엇보다 여성, 아동, 장애인, 어르신, 범죄와 폭력에 취약한 국민들의 곁으로 더 다가가십시오. '미투'를 외친 여성들의 용기는 인간의 존엄성과 평등을 바로 세워달라는 간절한 호소입니다. 그 호소를 가슴으로 들어주십시오.

— 2018년 경찰대학생 및 간부 후보생 합동 임용식 축사 (2018.3.13)

방탄소년단에게 건넨 축하와는 사뭇 분위기가 다르다. 방탄소년단에게는 이뤄낸 성과를 짚어주며 칭찬에 가까운 축하와 격려를 보냈지만, 이번에는 학교를 졸업하고 본격

문재인의 말하기

오늘 경찰의 길을 선택한 청년들의 용기가
뜨거운 사명감으로 담금질되어 눈부신 결실을 맺었습니다.
힘들고 치열한 교육, 훈련을 잘 이겨냈습니다.
늠름하고 당당한 169명 청년경찰의 탄생을 진심으로 축하합니다.

적으로 공공을 위해 봉사해야 할 이들을 향해 당부에 가까운 축하 메시지를 건네고 있다. 자리와 대상에 맞게 축사의 성격을 바꾼 것이다.

그러나 달라지지 않은 것이 하나 있다. 상대방의 정체성과 사명감을 일깨워줄 수 있는 디테일한 지적, 바로 그것이다. 문재인 대통령은 경찰의 가슴표장을 언급한다. 실제로 이 가슴표장은 마패 모양으로 되어 있는데, 여기에는 각각 해와 달을 의미하는 원 두 개가 그려져 있다고 한다. 이런 사실은 '관심'을 갖지 않으면 결코 발견할 수 없는 부분이다.

상대방이 나에게 관심을 갖고 건네는 말을 들으면 그 내용이 무엇이든 강렬하게 와 닿을 수밖에 없다. '어떻게 이런 것까지 알지?' 하는 생각이 들면서, 나에게 이렇게까지 신경을 써주는 상대방이 특별해 보이고 고맙게 느껴지기도 할 것이다. 좋은 칭찬과 축하가 그것을 듣는 사람뿐 아니라 말하는 나 자신까지 함께 높여줄 수 있다고 하는 것도 이런 이유에서다.

용서를 부르는
사과의 기술

언젠가 한 기업인이 사회적으로 큰 문제를 일으켰던 적이 있다. 조사를 받기 위해 검찰에 도착한 그는 포토라인에 서서 기자들의 질문을 받았다. 기자들은 총 네 가지 질문을 던졌다. 이에 대한 그의 대답만을 모아보면 이렇다.

"심려를 끼쳐드려 진심으로 죄송합니다."

"진심으로 죄송합니다."

"진심으로 죄송합니다."

"다시 한 번 심려를 끼쳐드려 진심으로 죄송합니다."

그는 '누구에게' 죄송하다는 것인지를 말하지 않았다. 피해를 입은 파트너사 직원들에게? 자신의 회사 임직원들에게? 가족들에게? 국민들에게? 대체 그는 누구에게 사과를 했던 것이었을까.

순식간에 "죄송합니다"라는 말이 네 번, "진심으로"라는 말이 네 번이나 등장했음에도, 그의 사과는 짜증과 불쾌감만 증폭시켰다. 나름대로 법조인들의 조언을 받고 뱉은 사과의 말이었겠으나, 그의 말은 그저 공허할 뿐이었다. 정작 용서를 구해야 할 대상의 감정을 읽어내는 데 실패했기 때문이리라.

비슷한 사례는 여기저기서 목격된다. 한 프로 스포츠 선수가 성폭행 의혹으로 검찰에 출두했을 때의 일이다. 기자들의 질문이 무엇이건 간에 그는 오로지 한 문장만을 반복해 말했다.

"조사에 성실히 임하겠습니다."

오죽 짜증이 났으면, 한 기자가 "많은 팬들이 실망했는데, 똑같은 말만 계속하실 건가요?"라는 질문을 던지기까지

했다. 이에 대한 그의 대답은 다음과 같았다.

"조사에 성실히 임하겠습니다."

잊힌 의미를 조명한다 ————

사실 사과란 '하는 사람'의 입장이 아니라 '받는 사람'의 입장에서 그 진정성과 효과가 결정된다. 문재인 대통령은 이 점을 놓치지 않는다.

그가 대통령이 되기 전의 일이다. 2012년 11월 제주를 찾은 그는 4·3 위령성지를 찾은 자리에서 강요배 화백의 작품 〈젖먹이〉를 본 후 눈물을 흘린다. 이 작품은 젖먹이 아기가 군인들이 쏜 총에 맞아 죽은 엄마의 젖가슴에 얼굴을 묻고 빈 젖을 빠는 장면을 담고 있는데, 실제 주민들의 목격담을 토대로 완성된 그림이라고 한다.

문재인 대통령은 후보 시절, 대통령이 되면 제주 4·3 위령제에 반드시 참석해 이를 국가적 추념행사로 위상을 높이겠다는 의사를 밝혔고, 2017년 대통령이 된 후 그 약속을 지켰다. 그는 역대 대통령 가운데 최초로 행방불명인 표석과 위패 봉안실에 방문하여 동백꽃과 술을 올리기도 했다. 영부인의 참석도 최초였다. 김정숙 여사는 제주 4·3을 상징하는 동백꽃을 헌화했다.

이런 일관된 행보만으로도 제주 4·3 사건을 기억하는 이들에게는 적잖이 위로가 됐을 것이었다. 그러나 이것이 끝이 아니었다. 진정한 사과는 말과 행동이 함께하는 것이라는 사실을 입증하기라도 하듯, 문재인 대통령은 진심 그 이상의 추모사로 제대로 된 사과의 기술을 보여주었다.

> 4·3 생존 희생자와 유가족 여러분, 제주도민 여러분, 돌담 하나, 떨어진 동백꽃 한 송이, 통곡의 세월을 간직한 제주에서 "이 땅에 봄은 있느냐?" 여러분은 70년 동안 물었습니다.
>
> 저는 오늘 여러분께 제주의 봄을 알리고 싶습니다. 비극은 길었고, 바람만 불어도 눈물이 날 만큼 아픔은 깊었지만 유채꽃처럼 만발하게 제주의 봄은 피어날 것입니다.
>
> — 4·3 희생자 추념일 추념사 (2018.4.3.)

우선 문재인 대통령은 생존 희생자와 그 유가족 앞에서 오랫동안 묻혀온 4·3 사건의 의미를 재조명하며 사과를 구한다. 그러고는 4·3이란 금기어를 세상으로 불러낸 앞선 사람들의 노력에 경의를 표한다.

　　4·3을 기억하는 일이 금기였고 이야기하는 것 자체가 불온시되던 시절, 4·3의 고통을 작품에 새겨넣어 망각에서 우리를 일깨워준 분들도 있었습니다.

　유신독재의 정점이던 1978년 발표한, 소설가 현기영의 〈순이 삼촌〉, 김석범 작가의 〈까마귀의 죽음〉과 〈화산도〉, 이산하 시인의 장편 서사시 〈한라산〉, 3년간 50편의 〈4·3연작〉을 완성했던 강요배 화백의 〈동백꽃 지다〉, 4·3을 다룬 최초의 다큐멘터리 영화 조성봉 감독의 〈레드헌트〉, 오멸 감독의 영화 〈지슬〉, 임흥순 감독의 〈비념〉과 김동만 감독의 〈다랑쉬굴의 슬픈 노래〉, 고故 김경률 감독의 〈끝나지 않는 세월〉, 가수 안치환의 노래 〈잠들지 않는 남도〉.

　때로는 체포와 투옥으로 이어졌던 예술인들의 노력은 4·3이 단지 과거의 불행한 사건이 아니라 현재

비극은 길었고,
바람만 불어도 눈물이 날 만큼
아픔은 깊었지만
유채꽃처럼 만발하게
제주의 봄은 피어날 것입니다.

를 사는 우리들의 이야기임을 알려주었습니다.

― 4·3 희생자 추념일 추념사 (2018.4.3.)

문재인 대통령은 여전히 4·3 사건을 '삐딱하게' 바라보는 사람들에게도 이해를 구한다. 그 방법은 4·3 사건 속의 인물들을 불러내는 일이었다.

고故 오창기 님은 4·3 당시 군경에게 총상을 입었지만, 한국전쟁이 발발하자 '해병대 3기'로 자원입대해 인천상륙작전에 참전했습니다.

아내와 부모, 장모와 처제를 모두 잃었던 고故 김태생 님은 애국의 혈서를 쓰고 군대에 지원했습니다.

4·3에서 '빨갱이'로 몰렸던 청년들이 죽음을 무릅쓰고 조국을 지켰습니다. 이념은 단지 학살을 정당화하는 명분에 불과했습니다. 제주도민들은 화해와 용서로 이념이 만든 비극을 이겨냈습니다. 하귀리에는 호국영령비와 4·3 희생자 위령비를 한자리에 모아 위령단을 만듭니다. "모두 희생자이기에 모두 용서한다는 뜻"으로 비를 세웠습니다. 2013년에는 가장 갈

등이 컸던 4·3 유족회와 제주경우회가 조건 없는 화
해를 선언했습니다.

　제주도민들이 시작한 화해의 손길은 이제 전 국민
의 것이 되어야 합니다.

— 4·3 희생자 추념일 추념사 (2018.4.3.)

　어쩐지 문재인 대통령의 말하는 스타일이 한결같다는
생각이 들지 않는가? 이번에도 문재인 대통령은 거대한 역
사 속의 위대한 '개인'들을 불러낸다. 그리고 그들의 '숨겨
진 사연'을 언급한다. 이야기에 생동감을 입히면서 듣는 사
람이 좀 더 인간적인 감정을 느끼도록 하기 위한 장치다.
이렇게 상대를 이성적으로 설득하기에 앞서 먼저 감정적으
로 내 편을 만들어버린다.

　이 추념사 어느 곳에도 "죄송합니다"라는 직접적인 표현
은 등장하지 않는다. 하지만 문재인 대통령은 그간 제대로
조명받지 못한 제주 4·3 사건이 무엇이며 거기에 어떤 의
미가 있는지를 알림으로써 지난 정부가 제대로 하지 못한
일에 대해 사죄하는 모양새를 분명히 한다. 그간 4·3 사건
관련해 정부에 서운한 감정을 가지고 있었을 사람들도 문

재인 대통령의 추념사를 비롯한 일련의 행동들을 통해 어느 정도 마음을 풀지 않았을까.

상대방의 마음을 편하게 해주는 사과 ————

문재인 대통령의 인상적인 사과 장면이 하나 더 있다.

2018년 3월 23일 문재인 대통령은 베트남 하노이 주석궁에서 개최된 정상회담 모두 발언에서 다음과 같은 말을 했다.

> 한국과 베트남이 모범적인 협력 관계를 발전시켜 가고 있는 가운데 우리 마음에 남아 있는 양국 간의 불행한 역사에 대해 유감의 뜻을 표하며, 양국이 미래 지향적인 협력 증진을 위해 함께 힘을 모아가기를 희망합니다.
>
> — 한–베트남 정상회담 모두 발언 (2018.3.23.)

특정 사건에 대한 언급도 없이, 게다가 "사죄한다"라고 하는 정확한 표현도 없이, 고작 "유감의 뜻을 표하"는 정도로 이야기했지만, 우리나라 언론은 사실상 사과에 가까운 발언이라며 이를 대서특필했다. 왜 그럴까.

다들 알다시피 우리나라는 1960년대에 베트남전에 참전한 바 있다. 그리고 이때 미국 등과 함께 미라이 학살 등 베트남 민간인 학살을 저지른 것으로 알려져 있다. 문재인 대통령은 인권 변호사 출신으로서 아마도 이 점에 대해 예민하게 받아들이고 있을 것이다. 실제로, 이 발언 이전에도 관련 언급을 한 적이 있다.

> 한국은 베트남에 '마음의 빚'을 지고 있습니다.
> – 호찌민–경주세계문화엑스포2017 영상축전(2017.11.11.)

"'마음의 빚'을 지고 있"다는 발언에 비해, "유감의 뜻을 표하며"라는 발언은 확실히 사죄의 뜻을 표하는 데 있어 한발 더 나아간 표현으로 볼 수 있다. 그렇다면 왜 속 시원하게 과거사를 인정하고 사죄를 하지 않는 것일까. 위안부 문제 등 과거사를 인정하지 않는 일본에 대해 강력한 반감을 가지고 있는 우리나라인데 말이다.

여기에는 다른 속사정이 있다. 우리나라와 달리 베트남 정부는 과거사 문제를 공식적으로 입에 올리는 것을 반기지 않는다는 관측이 지배적이다. 베트남전에서 강대국인 미국을 이겼다는 민족적 자부심이 큰 데다 전 국가적인 개발 계획을 수립하는 상황에서 과거사를 다시 끄집어내는 것이 여러모로 부담스럽다는 것이다. 실제로 베트남 정부는 국제 사회를 상대로 과거사와 관련된 문제 제기를 한 적이 없다고 한다.

과거를 모르는 민족에게는 미래도 없다. 과거의 잘못을 확실히 인정하고, 사과하고, 매듭을 지어야만 상대와 나는 미래 지향적인 관계로 발돋움할 수 있다. 이것은 어디까지나 진리다. 그러나 상대가 과거를 굳이 되새기고 싶어 하지 않는다면? 잘못을 저지른 입장에서는 상대방의 입장을 존중해줄 필요가 있다.

문재인 대통령은 베트남의 의사는 충분히 존중하면서, 전쟁으로 인해 고통받았던 개인의 아픔 역시 간과하고 싶지 않았던 것 같다. 그래서 특정 사건을 지칭하는 것을 피하는 한편, 우리가 저지른 잘못을 절대 잊지 않고 있다는 사실만은 분명하게 전했던 것이다.

문재인 대통령의 이런 말들에서 우리가 확인할 수 있는 것은 두 가지다. 바로 상대에 대한 존중과 배려 그리고 잘 못에 대한 분명한 인정.

우리가 보통 사과를 할 때 어떤 마음인지 곰곰이 생각해 보라. 상대방의 상처받은 마음을 풀어주려고 사과를 한다 고 하지만, 실은 내 마음 편하자고 하는 경우가 대부분이 다. 그런 사과는 십중팔구 상대방의 마음에 앙금을 남길 가 능성이 크다.

문재인 대통령이 만약 자기 마음 편하자고 사과를 했더 라면, 과거사를 지칭한 후 "사죄한다"는 표현을 썼을 것이 다. 아마 그는 정확한 사과 표현을 하지 못해 마음 한구석 이 늘 찜찜할지도 모른다. 상대방의 뜻을 존중하고 내 마음 이 불편한 쪽을 선택한 셈이다.

또 그는 정확한 사과 표현을 할 수 없는 상황에서 우리 나라의 잘못만큼은 '마음의 빚'이라는 말로 확실히 인정했 다. 전쟁이 남긴 상흔으로 인해 여전히 고통받고 있을지 모 를 베트남 국민들에게는 이런 인정이 작지만 위로가 되지 않았을까.

사과의 말은 오로지 상대방을 위한 것이어야 한다. 상대방에게 사과의 뜻을 전할 때는 쓸데없는 변명은 접어두자. 무엇보다, 나 자신도 지워야 한다.

문제인 대통령은 여러 이해관계가 얽힌 난감한 상황 속에서도 이 점을 잊지 않고 현명하게 사과의 말을 전했다. 누군가에게 사과를 해야 할 때는 문제인 대통령이 취한 태도와 그가 한 말을 꼭 기억하라.

나를 낮추길
두려워하지 않는다

 말을 할 때마다 '자학 개그'를 하는 사람들이 있다. 아주 안 좋은 버릇이다. 나를 살짝 낮춤으로써 사람들이 나를 편하게 인식하게 하고, 좋은 분위기를 만드는 것은 분명 긍정적인 효과이지만, 문제는 이런 효과가 아주 일시적일 뿐이라는 데 있다.

 다른 사람들은 기분이 좋을지 몰라도, 막상 내가 나를 비하한 말에 사람들이 동조하며 웃음을 터뜨리면 기분이 나쁠 수밖에 없다. '내가 정말 그런 사람이라고 생각했던 건가?' 하는 생각까지 들면서 자승자박하는 꼴이 되고 만다. 게다가 다른 사람들 역시 '아, 저 사람한테는 그런 장난을 쳐도 되는구나'라고 느끼게 만들어, 계속해서 무시당하는 사람이 될 가능성마저 생긴다. 그러므로 되도록 나를 낮추는 말이나 행동은 삼가는 것이 좋다.

그런데 이런 원칙이 언제나 진리인 것은 아닌 듯하다. 문재인 대통령을 보다 보면 이 원칙에 예외도 있는 것은 아닌가 생각하게 된다.

말은 겸손하게, 태도는 당당하게 ————

2018년 2월 문재인 대통령은 울산과학기술원을 방문했다. 참고로 이곳은 2007년 그가 청와대 비서실장으로 근무할 때 설립에 도움을 준 인연이 있는 곳이다.

문재인 대통령은 울산과학기술원 내 창업을 준비하는 학생들이 입주한 건물에 들러서 학생 창업가들이 제작한 각종 전시품을 둘러봤다. 그리고 졸업식에 참석해 다음과 같은 축사를 했다.

새로운 출발에 나서는 여러분의 앞길이 순탄할 수

만은 없습니다. 실패도 겪고 좌절도 겪을 것입니다. 때로는 실패가 성공보다 값진 경험이 될 수 있다는 것을 명심해주기 바랍니다.

저도 살면서 실패가 많았습니다. 대통령 당선도 재수로 되지 않았습니까?

우리를 주저앉히는 것은 결코 실패 그 자체가 아닙니다. 실패 때문에 희망을 잃지 않는다면, 실패는 오히려 우리를 더 성장시켜주는 힘이 될 수 있습니다.

— 울산과학기술원 졸업식 축사 (2018.2.12.)

앞서 살펴보았듯이, 문재인 대통령은 대통령 후보 시절에 진행한 SBS 〈대선주자 국민면접〉에서도 "저는 취업 재수생입니다. 절박합니다"라고 말하며, 자신이 이미 대선에 한 번 떨어진 바 있다는 사실을 장난스럽게 강조한 바 있다. 그는 대학도 재수로 갔고 청와대에도 재수로 입성한 경험, 즉 인생에서 실패를 맛보았던 경험을 다른 상황에서도 종종 언급하곤 한다. 그 말을 하는 순간 사람들은 그를 한층 인간적으로 느끼게 되고, 그로 인해 대화 분위기도 훨씬 부드러워진다.

우리를 주저앉히는 것은 결코 실패 그 자체가 아닙니다.

실패 때문에 희망을 잃지 않는다면,

실패는 오히려 우리를 더 성장시켜주는 힘이 될 수 있습니다.

중요한 것은 그다음이다. 자신의 실패 경험을 내세우며 스스로를 낮춘 그는, 이후 오히려 당당한 태도를 보인다. 누구도 그 이야기로 자신을 무시하지 못하도록 말이다. 그리고 자신의 실패가 실은 아무것도 아니라는 것, 오히려 그로 인해 자신이 더욱 성장할 수 있었다는 메시지를 전한다. 자칫 웃고 넘길 수 있는 이야기가 감동 포인트로 작용하는 순간이다.

스스로를 낮춤으로써 대화에서 극적인 효과를 끌어내고 싶다면 이 점을 기억해야 한다. 그것이 자신의 약점이 아니라 그로 인해 내가 더 발전했다는 것을 증명하기라도 하듯, 그 말 이후 더 자신만만하고 당당한 태도를 보여야 하는 것이다.

또한 자기 비하를 하는 이유가 단지 대화 분위기를 좋게 만들기 위해서가 아니라 지금 힘들어하고 있는 누군가에게 용기를 북돋기 위해서라면, 이는 꽤 나쁘지 않은 커뮤니케이션 방식이 아닐까 한다. 그런 점에서 나는 문재인 대통령의 자기 비하를 무작정 자신을 낮추는 것이라기보다 겸손한 '자기평가self-assessment'의 한 모습이라고 좋게 평가하고 싶다.

눈물은 칼보다 강한 언어 ————

정치인에게 눈물은 일종의 언어다. 이는 국민들에게 다양한 메시지로 다가간다. 그런데 요새는 정치인의 눈물이 독이 든 성배가 된 것 같다. 결정적인 상황에서 흘리는 눈물 한 방울은 국민의 마음을 돌려 지지를 끌어낼 수도 있지만, 어느 때부터인가 정치인이 눈물을 흘리는 모습은 국민들에게 '감성팔이'라는 싸늘한 비판을 받기 일쑤가 되었다(비단 눈물만이 아니다. 저항의 상징이었던 '단식'이 어느 때부터인가 '쇼를 한다'며 비아냥대는 사람들의 좋은 먹잇감이 되고 있다. 정치인에 대한 불신이 그만큼 커졌다는 뜻일 것이다).

어디 그뿐일까. 눈물을 흘린다는 것은 자칫 정치인에게 강인하지 못하고 카리스마가 부족하다는 이미지를 심어줄 수 있다. 그래서 아주 결정적인 상황이 아니고선, 대부분의 정치인들이 눈물을 꾹 참으려고 한다.

그러나 문재인 대통령은 그런 평가에 아랑곳하지 않는다. 문재인 대통령은 참 잘 운다. 역대 대통령 가운데 이렇게 눈물을 잘 흘렸던 사람이 있었던가 하는 생각이 들 정도다. 그의 대표적인 눈물 장면 두 가지만 살펴보자.

2014년 7월 23일, 세월호 참사가 있은 지 99일째 되던 그날에 당시 문재인 의원은 세월호 유가족 180여 명과 함께 추적추적 내리는 비를 뚫고 '1박 2일 100리 행진'에 나섰다. 철저한 진상 규명과 특별법 제정을 촉구하기 위한 행사였다. 도보 행진을 마친 후 서울시청 앞에서 '네 눈물을 기억하라'라는 제목으로 추모제가 열렸다. 이 자리에서 가수 김장훈이 〈거위의 꿈〉이라는 노래를 부르는 동안 단원고 학생들의 행복했던 한때가 담긴 영상이 상영되었다. 문재인 대통령은 이 영상을 보며 끊임없이 눈물을 흘렸다.

2017년 5·18 기념식. 자신의 생일이던 1980년 5월 18일에 총탄을 맞고 돌아가신 아버지의 사연을 풀어놓은 김소형 씨의 이야기를 듣고 문재인 대통령은 안경을 벗은 채 손수건으로 눈물을 닦는 장면이 목격되었다.

눈물이라는 언어를 전략적으로 활용할 수는 없다. 이는 '마음'에 속하는 영역이기 때문이다. 다만 슬픔으로 가득한 사람들, 절망에 빠진 사람들을 위로하는 방식에 대해 고민하고 있다면 문재인 대통령을 살펴보는 게 많은 도움이 될 것이다. 그는 울고 있는 사람의 사연에 공감하며, 마음을 모으고, 함께 울어줄 줄 안다. 기댈 곳이 필요한 사람을 안

아주면서, 체온을 나눠주고 나지막하게 위로의 말을 건넬 줄 안다. 이미 여러 곳에서 이런 장면이 목격되었다.

위로가 필요한 사람에게 언제나 가까이 다가가 진심을 나눌 줄 아는 사람. 그런 사람에게 신뢰가 가고 그런 사람의 말에 무게가 실리는 것은 당연지사다. 그리고 누구도 이런 사람을 약하다고 여기지 않는다. 눈물이 때론 칼보다 강한 언어가 되는 셈이다.

3장

목적이
이끄는
말하기

솔선수범이란
무엇인가

산의 정상이 보일 때부터 한 걸음 한 걸음이 더욱 힘들어지듯이 한반도의 완전한 비핵화와 완전한 평화에 이르는 길이 결코 순탄하지 않을 것입니다. 그러나 저는 대통령으로서 국민이 제게 부여한 모든 권한과 의무를 다해 그 길을 갈 것이고, 반드시 성공할 것입니다.

— 제2차 남북정상회담 결과 발표 (2018.5.27.)

수많은 리더들이 '솔선수범'이라는 말을 자주 한다. 솔선수범의 사전적인 의미는 '남보다 앞장서서 행동해 몸소 다른 사람의 본보기가 된다'는 것이다.

미국 트럼프 대통령이 북미정상회담 취소를 선언한 이후, 모두가 한반도의 평화에 다시 먹구름이 드리울 것이라는 어두운 전망을 내놓았을 때, 문재인 대통령은 그 누구도 예상치 못한 행보를 보였다. 만남의 세부사항을 조율하는 중간 과정을 과감하게 생략한 채, 체면이고 격식이고 모두 내던지고서 북한의 김정은 위원장을 만난 것이다. 김정은 위원장 측에서 먼저 만남을 요청했다 하더라도, 문재인 대통령의 결정이 파격적이었다는 데 있어서만큼은 이견이 없을 것으로 보인다. 위기 상황을 해결하고자 이렇듯 과감하게 앞장섰던 문재인 대통령은 솔선수범이란 무엇인지 온몸으로 웅변했다.

한반도 평화를 일생의 소명으로 ————

사실, 대북 정책에 대한 국민들의 생각이 모두 같지는 않다. 각자가 처한 환경, 이해관계, 가치관 등이 모두 다를뿐더러 북한의 입장도 시시각각 바뀌다 보니, 누군가는 압박 정책을, 누군가는 햇볕 정책을 부르짖는다. 그냥 서로에 대해 관심을 끄고 남남으로 살자는 사람들도 적지 않다.

문재인 대통령은 이 가운데 가장 어려운 쪽, 그러니까 햇볕 정책을 지향한다. 오래전부터 스스로를 김대중 대통령의 대북 정책 계승자로 여기며, 대화를 통한 한반도의 평화 구축을 일생의 소명으로 삼은 듯하다. 대중의 눈치를 보며 인기에 영합하느라 말을 바꾸는 게 일상인 여느 정치인들과 달리, 문재인 대통령은 이런 자기 생각을 뚝심 있게 밀어붙인다. '종잡을 수 없는 거래 기술자' 트럼프 대통령과 '아슬아슬한 벼랑 끝 전술의 소유자' 김정은 위원장 사이에서, 묵묵히 '평화'가 제1목표이며 이를 위해 '북한과 대화를 원한다'는 메시지를 지속적으로 피력해온 것이다.

> 한반도 평화를 위해 동분서주하겠습니다. 필요하면 곧바로 워싱턴으로 날아가겠습니다. 베이징과 도쿄에도 가고, 여건이 조성되면 평양에도 가겠습니다. 한반도 평화 정착을 위해서라면 제가 할 수 있는 모든 일을 다하겠습니다.
>
> — 대통령 취임선서 (2017.5.10.)

우리가 추구하는 것은 오직 평화입니다. 평화로운 한반도는 핵과 전쟁의 위협이 없는 한반도입니다. 남과 북이 서로를 인정하고 존중하며, 함께 잘사는 한반도입니다.

— 독일 쾨르버재단 초청 연설 (2017.7.6.)

우리는 북한의 붕괴를 바라지 않습니다. 어떤 형태의 흡수통일이나 인위적인 통일도 추구하지 않을 것입니다. 북한이 이제라도 역사의 바른편에 서는 결단을 내린다면, 우리는 국제 사회와 함께 북한을 도울 준비가 되어 있습니다.

— 제72차 유엔총회 기조연설 (2017.9.22.)

자신이 반드시 해내야 한다고 생각하는 것을 위해, 국민들 앞에서 한결같은 의지를 드러내는 것. 이는 지지율에 늘 신경을 곤두세워야 하는 정치인에게 대단한 용기가 아닐 수 없다. 재미있는 것은 그의 이러한 뚝심이 오히려 국민들의 신뢰로 이어져, 70퍼센트를 넘나드는 고공 지지율을 자랑하게 됐다는 사실이다.

우리가 추구하는 것은 오직 평화입니다.
평화로운 한반도는 핵과 전쟁의 위협이 없는 한반도입니다.
남과 북이 서로를 인정하고 존중하며,
함께 잘사는 한반도입니다.

우리가 불안할 때 원하는 것은 한 줌의 빛이다. '잘못되면 어떡하나' 하는 마음으로 전전긍긍할 때 힘 있는 목소리로 "걱정 마세요, 이 길로 가면 됩니다. 제가 앞장설 테니 같이 갑시다"라고 말해주는 든든한 사람, 불안을 지워버리는 한 줄기 빛과 같은 언어를 구사하는 사람, 그런 솔선수범의 언어로 말할 줄 아는 사람이 절실하다. 문재인 대통령의 입에서 나오는 솔선수범의 언어는 '리더란 어떤 언어를 구사해야 하는가' 하는 고민을 안고 있는 이들에게 많은 힌트를 건네준다.

겸손한 뚝심의 언어 ————

바야흐로 '리더의 위기'다. 쏟아지는 정보 속에 흠 없는 인물을 발견하기란 하늘의 별 따기가 됐으며, 이는 자연히 특정 인물에 대한 열광이나 존경을 더더욱 어렵게 만드는 요인이 되고 있다. 더는 카리스마로 중무장한 채 사람들을 휘어잡는 리더가 환영받기 어려운 시대다.

새로운 시대에는 새로운 리더가 필요하듯, 새로운 리더

에게는 새로운 언어가 필요하다. 앞서 문재인 대통령이 '제2차 남북정상회담 결과 발표문'에서 했던 말은, 그가 왜 새로운 시대의 리더인지를 극명하게 보여준다.

이 발표에서 그는 솔선수범의 사전적 의미에서 한발 더 나아간 언어를 구사한다. '다른 사람의 본보기가 되겠다'는 다소 건방진 자세가 보이지 않는 것이다. 그는 오히려 "한반도의 완전한 비핵화와 완전한 평화에 이르는 길이 결코 순탄하지는 않을 것"이라며, 현재의 상황이 녹록지 않음을 솔직하게 털어놓는다. 이는 곧 목적을 향해 달려가겠지만, 절대 나 혼자의 힘으로는 안 되며, 당신(국민)의 도움이 꼭 필요하다는 진심을 은연중에 드러낸다. 이러한 진심은 곧 듣는 이의 마음을 흔든다.

우리 모두는 리더다. 나도 그렇고, 당신도 마찬가지다. 집에서, 직장에서, 지인들과의 관계에서, 우리는 모두 누군가를 이끌고 있다. 그렇지 않다고? 하다못해 나 자신을 이끌어간다는 점만큼은 분명하지 않은가.

그런 점에서 문재인 대통령이 구사하는 '새로운 솔선수범의 언어'를 유심히 들여다볼 필요가 있다. 자신이 확신을 갖고 있는 무언가, 반드시 이루어내리라 다짐한 무언가가 있을 때, 그가 어떤 말을 하는지 보라. 불안감을 잠재워줄 만큼 확신에 차 있으면서도 혼자서 해내기는 어려우니 함께하자며 겸손을 잃지 않는다. 그리고 그런 메시지를 어떤 외부적인 변화나 역경에도 흔들리지 않고 지속적으로 피력한다. 조금 긴 시간이 걸리더라도 자신의 페이스대로 뚜벅뚜벅 걸어가며, 오롯이 자신의 이야기를 한다.

실제로 이렇게 말하고 실천하는 사람은 극히 드물다. 아무리 훌륭한 대의를 갖고 행동해도 따르는 이들이 알아주지 않으면 얼마 지나지 않아 지쳐서 포기하는 리더가 대부분이다. 리더로서 그가 빛나 보이는 이유는 아마도 이 때문일 것이다.

그의 말은
미래를 향한다

리더에 대한 이야기를 좀 더 해볼까 한다. 말했지만, 새 시대에 맞는 새로운 리더십을 찾는 것이 그만큼 중요한 과제라는 생각에서다.

리더는 솔선수범하는 자세를 가지고, 변화를 이끄는 사람이다. 변화에 적응하지 못하는 리더와 함께 일하는 구성원들은 불안하다. 변화에 대한 절박감 없이 조직을 이끄는 리더는 자신과 함께하는 이들의 조직 내 입지까지 위협할 수 있다.

미국의 경영학자로 변화 관리의 대가라 불리는 존 코터 John Kotter는 리더라면 변화를 통해 만들어내는 미래의 모습을 구체적으로 보여줘야 한다고 말한다. 구성원이 변화로부터 얻게 될 실질적인 혜택을 제시할 수 있어야 한다고도 덧붙인다. 실현 가능한 혁신의 로드맵을 마련하여 목표에 이르는 경로를 보여주어야 함은 물론이다.

고수 리더가 말하는 법 —————

이쯤에서 내가 근무하는 회사의 CEO에 대해 한번 이야기를 해야겠다. 그는 신년사에서 매우 인상적인 말을 했는데, 바로 '수준별로 정리한 리더의 언어'가 그것이었다.

> "수준 낮은 리더는 '해야 한다'고만 말합니다. 그것보다 나은 중수 리더는 '할 수 있다'고 말하죠. 하지만 우리 회사를 이끌어가는 분들은 고수의 언어를 사용하는 리더가 됐으면 좋겠습니다. 어렵지 않습니다. 말끝마다 '하고 싶다'를 붙이시면 됩니다."

고수 리더의 언어는 '하고 싶다'로 완성된다. 거기에 '그

럼에도 불구하고'라는 접속사를 앞에 붙일 수 있다면 최고
의 리더라 하겠다. 어려운 상황에서도 뜻을 굽히지 않은 채
'그럼에도 불구하고 반드시 하고 싶다'라는 말을 할 줄 아
는 리더는 사람들에게 '저 사람, 믿을 만하다'라는 느낌을
전해준다.

　문재인 대통령은 대통령 취임 1주년을 맞아 국민들에게
이런 메시지를 공개했다.

　　　지난 1년. 과분한 사랑을 받았습니다.

　　　국민이 문재인 정부를 세웠다는 사실을 결코 잊지 않

　　　겠습니다. 광장의 소리를 기억하겠습니다.

　　　임기를 마칠 때쯤이면 "음, 많이 달라졌어. 사는 것이

　　　나아졌어"라는 말을 꼭 듣고 싶습니다.

　　　평화가 일상이었으면 좋겠습니다.

　　　일본에서 돌아오는 비행기 안에서, 1년 전 그날의 초

　　　심을 다시 가다듬습니다.

　　　– 대통령 취임 1주년 기념 메시지
　　　'처음처럼, 국민과 함께 가겠습니다'(2018.5.10.)

문재인 대통령은 말한다.

　　"듣고 싶습니다."

　여러분이라면 어떻게 말했겠는가? 가장 많이 떠올릴 수 있는 대답은 다음과 같을 것이다.

　"임기를 마칠 때쯤 여러분에게 '음, 많이 달라졌어. 사는 것이 나아졌어'라는 말을 들을 수 있으려면, 저는 더 노력해야 할 것입니다."

　평범하면서도 성실한 인상을 주는 말이지만, 그다지 기억에 남지는 않는다. 게다가 듣는 사람 입장에서는 내가 무언가 리더에게 큰 짐을 지운 듯한 느낌마저 든다. 틀림없이 하수의 언어다. 중수의 언어는 어떨까?

　"제가 임기를 마칠 때쯤이면 '음, 많이 달라졌어. 사는 것이 나아졌어'라는 말을 들을 수 있을 것 같습니다."

　잘살게 해달라고 부탁 내지 구걸하는 듯한 느낌은 사라졌지만, 대신 '된다는 거야, 안 된다는 거야?'라는 의문이 생겨버렸다. 어쩐지 자신감 부족한 리더의 모습이 떠오르지 않는가?

함께 변화를 만들어가려면 ————

'하고 싶다' '듣고 싶다' '만들고 싶다'는 고난도의 세련된 말하기를 원하는 사람이라면 기억해야 할 표현이다. 듣는 이로 하여금 '내가 얼마나 이것을 이루어내고 싶은지' 느끼도록 해주는 동시에, '이렇게 했을 때 펼쳐질 멋진 미래를 다 함께 떠올려보자'고 확신에 찬 언어로 말하는 것처럼 느끼게 만들어준다.

"내가 이것을 이루어낼 수 있도록 옆에서 응원해주고 함께 노력해달라"고 요청하는 말투는 현 세대가 리더에게 원하는 새로운 덕목이다. 무조건 자신이 앞장설 테니 따라오라고 하는 권위적인 리더의 시대는 끝났다. 변화된 미래를 만들어갈 수 있는 사람이란 믿음을 주면서도, 그 변화를 함께 만들어가자고 설득할 줄 아는 사람, 단호하지만 부드러운 사람, 듣는 이로 하여금 능동적으로 행동하도록 동기부여를 할 줄 아는 사람이다. '하고 싶다' '듣고 싶다' '만들고 싶다'는 바로 그런 새로운 시대가 요구하는 리더에게 가장 잘 어울리는 언어다.

문재인 대통령은 "듣고 싶습니다"라고 말한다. 그것도

"꼭" 듣고 싶다고 강조까지 하면서 말이다. 그는 리더로서 고수의 언어를 사용할 줄 아는 사람이다.

감정도 미래를 위한 동력으로 ————

노무현이란 이름은 반칙과 특권이 없는 세상, 상식과 원칙이 통하는 세상의 상징이 되었습니다. 우리가 함께 아파했던 노무현의 죽음은 수많은 깨어 있는 시민들로 되살아났습니다. 그리고 끝내 세상을 바꾸는 힘이 되었습니다.

(…) 저의 꿈은 국민 모두의 정부, 모든 국민의 대통령입니다. 무엇보다 중요한 것은 국민의 손을 놓지 않고 국민과 함께 가는 것입니다. 개혁도 저 문재인의 신념이기 때문에 또는 옳은 길이기 때문에 하는 것이 아니라, 국민과 눈을 맞추면서 국민이 원하고 국민에게 이익이기 때문에 하는 것이라는 마음가짐으로 나가겠습니다. 국민이 앞서가면 더 속도를 내고, 국민이 늦추면 소통하면서 설득하겠습니다. 문재인

문재인의 말하기

정부가 못다 한 일은 다음 민주정부가 이어나갈 수 있도록 단단하게 개혁해나가겠습니다.

노무현 대통령님, 당신이 그립습니다. 보고 싶습니다. 하지만 저는 앞으로 임기 동안 대통령님을 가슴에만 간직하겠습니다.

현직 대통령으로서 이 자리에 참석하는 것은 오늘이 마지막일 것입니다. 이제 당신을 온전히 국민께 돌려드립니다. 반드시 성공한 대통령이 되어 임무를 다한 다음 다시 찾아뵙겠습니다.

그때 다시 한 번 당신이 했던 그 말, "야, 기분 좋다!" 이렇게 환한 웃음으로 반겨주십시오.

— **문재인 대통령, 노무현 대통령 추도사(2017.5.23.)**

2017년 대선 이후, 문재인 대통령은 노무현 대통령 8주기 추모식에 참석해 추도사를 읊었다. 군더더기 없는 간결한 말들 사이로 애틋한 감정이 곳곳에 묻어 있다. 문재인 대통령은 노무현 대통령이 세상에 남긴 영향력과 가치에 대해 이야기하는 한편 자신이 그리고 있는 대한민국의 모습을 설명하고 이것이 노무현 대통령의 꿈과 다르지 않음을 밝힌다. 노무현 대통령에 대한 추모의 말인 동시에 취임한 지 얼마 되지 않은 신입 대통령으로서 본인의 포부를 담은 추도사였던 셈이다.

그러다 느닷없이 반전이 등장한다. 앞으로 임기 중에는 사랑하는 친구인 노무현 대통령의 추모식에 참석하지 않겠다는 선언이 그것이다. 문재인 대통령은 구구절절 그 이유를 밝히는 대신 "반드시 성공한 대통령이 되어 임무를 다한 다음 다시 찾아뵙겠습니다"라는 말로 자신의 복잡한 심정을 갈음한다.

그동안은 노무현의 친구 문재인이었지만, 이제 그는 대한민국 대통령 문재인이다. 그를 지지하는 세력이건 그를 반대하는 세력이건 모두 끌어안고 앞으로 나아가야 한다. 가뜩이나 '친노' 프레임을 들이대며 적폐 청산 작업을 정치 보복 행위로 몰아세우는 이들이 가득한 정치판에서, 문재인 대통령은 자신이 앞으로 사사로운 감정 없이 국민 모두의 대통령으로서 성실히 임무를 수행하겠다는 의지를 전면에 드러낸 것이다. 아이러니하게도, 노무현 대통령 추도사에서 말이다.

문재인 대통령은 영국의 라이프스타일 월간지 〈모노클

Monocle)과의 인터뷰(2018년 3월호)에서 "과거에는 대통령에 출마하는 것을 상상해본 적이 없다"고 하면서 노무현 대통령이 서거했던 2009년 "나는 위기감을 느꼈고 더는 (상황을) 외면할 수 없었다"고 밝혔다. 문재인 대통령이 정치권에 다시금 발을 들이게 된 데 노무현 대통령의 죽음이 작용했음을 유추해볼 수 있는 부분이다. 물론 거기에는 개인적인 의미보다는 더 큰 의미, 즉 국가적으로 위기 상황이 도래했으며 이를 타개하기 위해서는 국민 앞에 나설 수밖에 없겠다는 문제 인식이 크게 자리하고 있을 것이다.

이렇듯 문재인 대통령과 노무현 대통령은 떼려야 뗄 수 없는 관계임에도, 문재인 대통령은 재임 기간 중 추모식 불참을 선언했다. 그리고 약속한 대로 2018년 노무현 대통령 9주기 추모식에 참석하지 않았다. 개인의 삶을 살았던 과거에서 한 발짝 떨어져 공인의 삶을 사는 현재 그리고 미래에 충실하겠다는 다짐을 충실하게 지켜나가고 있는 것이다.

추도사에는 필연적으로 과거의 이야기가 담길 수밖에 없다. 그러나 문재인 대통령은 추도사에서마저 미래를 이야기하고 있다. 지금 우리가 함께 느끼는 이 슬픔을 에너지로 삼아 다 같이 미래로 힘차게 나아가자는 것이다.

슬픔을 나누고 과거를 기억하는 자리에서도 자신이 가진 소명의식을 잊지 않고 비전을 제시하며 미래를 이야기하는 것. 리더로서의 자기 본분을 항상 염두에 두고 있기에 가능한 일 아니었을까.

훌륭한 말은
행동으로 완성된다

춘풍추상春風秋霜.

2018년 2월 5일 문재인 대통령은 청와대의 각 비서관실에 '춘풍추상'이란 글씨가 담긴 액자를 선물했다. 이 액자의 하단에는 작은 글씨로 다음과 같은 설명이 덧붙여져 있었다.

待人春風持己秋霜 남을 대하기는 춘풍처럼 관대하고
자기를 지키기는 추상같이 엄격해야 합니다.

대인춘풍지기추상. 이 말은 고故 신영복 교수가 참여정부 당시 노무현 대통령에게 선물한 글귀로 알려져 있다. 문재인 대통령은 이 글귀가 담긴 액자를 전하면서 다음과 같은 말을 전했다.

이 '춘풍추상'이라는 글은 〈채근담 茶根譚〉에 있는 문구로 '남을 대할 때는 봄바람과 같이 부드럽게 대하고, 자신을 대할 때는 가을 서리처럼 엄격하게 대해야 한다'는 뜻이다. 공직자로서뿐만 아니라, 한 인간으로 살아가면서 이보다 더 훌륭한 좌우명이 없다고 생각한다. 공직자가 공직에 있는 동안 이런 자세만 지킨다면 실수할 일이 없을 것이다. 우리 정부가 2년 차에 접어들면서 기강이 해이해질 수 있는데, 초심을 잃지 말자는 취지에서 액자를 선물하게 됐다. 공직자가 다른 사람을 대할 때는 봄바람같이 해야 하지만, 업무 성격에 따라 남을 대할 때에도 추상과 같이 해야 할 경우가 있다. 검찰, 감사원 등이 그렇고 청와대도 마찬가지다. 남들에게 추상과 같이 하려면 자신에게는 몇 배나 더 추상과 같이 대해야 하며, 추상

待人春風持己秋霜
남을 대하기는 춘풍처럼 관대하고
자기를 지키기는 추상같이 엄격해야 합니다.

을 넘어서 한겨울 고드름처럼 자신을 대해야 한다.

– 수석보좌관회의에서(2018.2.5.)

책임자의 언어를 구사하다 ————

남에게 관대하고 자신에게 엄격할 것.

정말 맞는 말이고 필요한 자세지만, 실제 이를 지속적으로 실천하는 것은 거의 불가능에 가깝다. 인간은 누구나 자기중심적인 면을 갖고 있기에, 남이 잘못하면 그의 입장을 헤아리기에 앞서 무조건 그를 흉보기 바쁘고, 자신이 잘못하면 상황상 그럴 수밖에 없었다며 자기합리화를 해대기 일쑤다.

문재인 대통령 역시 이를 모르지 않을 터. 때문에 이런 마음가짐이 더욱 요구되는 공직자들에게 다시 한 번 초심을 일깨우고자 이런 글귀를 선물했을 것이었다. 한편으로는 이 말이야말로 자기 자신을 향한 다짐이라고 볼 수도 있겠다.

실제로, 문재인 대통령의 말을 살피다 보면, 초심을 지키려는 마음가짐이 가시적으로 드러날 때가 많다. 특히 그는 후보 시절엔 온갖 문제를 해결할 것처럼 빈말을 날리고서 막상 대통령이 되고 나면 '국민 대통합'이라는 허울 좋은 구실 아래 숨어 과거사 청산 등의 과제에 침묵하는 여느 대통령들과 완전히 다른 행보를 보이고 있다. 그는 과거 정권의 과오를 이야기할 때 이를 단지 전임자들의 실수로 간주하기보다 현 정부를 책임지고 있는 입장에서 반드시 해결해야 할 과제로 인식하고 있음을 분명히 한다.

약속이 빛날 수 있으려면 ————

문재인 대통령은 대통령 후보 시절부터 5·18 광주민주화운동의 진상 규명을 공약으로 내걸었던 바 있다. 이후 그는 초심을 잊지 않겠다는 듯, 대통령이 된 후 이 공약을 차근차근 지켜나가기 시작한다.

1980년 5월, 대한민국 남쪽의 도시 광주에서 한국 민주주의 역사에 전환점을 만든 시민항쟁이 일어났습니다. 많은 희생이 있었습니다. 가장 평범한 사람들이 가장 평범한 상식을 지키기 위해 목숨을 걸었습니다. 그것은 인간으로서의 존엄을 지키려는 숭고한 실천이었습니다.

한국 민주주의의 용기와 결단은 목숨이 오가는 상황에서도 절제력을 잃지 않는 성숙함으로도 빛났습니다. 시민들은 부상자들의 치료를 위해 줄을 서서 헌혈을 했고, 주먹밥을 만들어 너나없이 나누었습니다.

한국의 민주주의에서 이 시민항쟁이 갖는 의미는 각별합니다. 국민들은 희생자를 추모하는 데서 그치지 않았습니다. 은폐된 진실을 밝히고, 광주시민들의 용기와 결단을 민주주의 역사에 확고히 새기기 위해 노력했습니다.

— '2017 세계시민상' 수상 소감 (2017.9.19.)

전 세계인이 지켜보는 자리에서, 문재인 대통령은 5·18 광주민주화운동의 가치와 정신에 대해 설파했다. 이는 곧 5·18에 대한 존중이자 진상 규명을 확실히 하겠다는 의지를 보여준 것으로 풀이된다. 전 정권이 손 놓고 있던 해묵은 과제를 잊지 않고 있으며, 곧 해결하겠다는 다짐이 엿보이는 대목이다.

이 수상 소감을 말한 이듬해 5·18 광주민주화운동 메시지에서는 이런 신호가 더 확실히 읽힌다.

5·18 광주민주화운동, 38주년입니다. 한 세대를 넘는 긴 시간입니다. 피를 흘리며 민주주의를 이뤄낸 고통의 시간이었습니다. 오늘 저는 광주 영령들을 숙연한 마음으로 추모하며, 민주주의의 가치를 지키기 위해 스스로를 돌보지 않았던 많은 시민들의 눈물을 돌아봅니다.

그날 오후, 집으로 돌아오던 여고생이 군용 차량에 강제로 태워졌습니다. 새벽기도를 마치고 귀가하던 회사원이 총을 든 군인들에게 끌려갔습니다. 평범한 광주의 딸과 누이들의 삶이 짓밟혔습니다. 가족들의 삶까지 함께 무너졌습니다. 한 사람의 삶, 한 여성의 모든 것을 너무나 쉽게 유린한 지난날의 국가 폭력이 참으로 부끄럽습니다.

오늘 우리가 더욱 부끄러운 것은 광주가 겪은 상

처의 깊이를 38년이 지난 지금까지도 다 알지 못하고, 어루만져주지도 못했다는 사실입니다. 역사와 진실의 온전한 복원을 위한 우리의 결의가 더욱 절실합니다.

성폭행의 진상을 철저히 조사해 반드시 밝혀내겠습니다. 국방부와 여성가족부, 국가인권위가 함께 공동조사단을 꾸릴 것입니다. 피해자 한 분 한 분이 인간의 존엄을 회복할 수 있도록 최선을 다하겠습니다.

— 5·18 광주민주화운동 메시지(2018.5.18)

언행일치의 위대한 힘 ————

사람이 사람을 깊이 신뢰할 수 있으려면 어떤 조건이 필요할까? 사실 말만으로 신뢰를 획득하는 것은 불가능에 가깝다. 내뱉은 말에 대해 확실히 책임을 지는 '행동'이 수반될 때 우리는 비로소 그 사람을 '진국'이라 부르며 조금씩 마음을 열고 믿음을 갖게 된다.

문재인 대통령은 '대인춘풍지기추상'의 초심을 잊지 않

문재인의 말하기

고, 그 초심을 실제 행동으로 실천한다. 이것이 바로 70퍼센트를 넘나드는 고공 지지율을 유지하는 비결일 것이다.

일각에서는 지금 당장 민생 현안도 수두룩한 마당에, 38년 전의 일에 국방부, 여성가족부, 국가인권위까지 동원하는 게 맞느냐는 우려의 시선도 있는 것이 사실이다. 그러나 그는 안다. 한 사회를 이끌어가는 '정신'이 어디에서 기원했는지 확실히 하고, 그 정신을 기리는 것이 얼마나 중요한 일인지, 또 아프지만 고통의 역사를 똑바로 바라보고 진실을 밝혀내는 것이 그 일을 온몸으로 겪어내며 평생을 괴로움 속에 살아온 사람들에게 얼마나 큰 위로가 되는지. 단 한 명의 고통이라도 외면하는 순간 그것은 우리 스스로 우리의 인간다움을 포기하는 것이 되며, 이는 곧 우리의 역사를 한걸음 뒤로 후퇴시키고 만다.

'저 멀리에서 일어났던 폭력적인 일'은 오로지 그것을 직접 당한 사람만의 일이 아니다. 그가 폭력을 당하도록 침묵하고 있었던 나에게도 책임이 있다. 국민이 그것을 모르고 있다면, 리더가 나서서 바로잡아야 한다. 문재인 대통령은, 그래서 5·18이라는 거대한 사건 속에서 단 한 명의 여성이 당한 피해까지 그냥 보아 넘기지 않고 끝까지 추적하여 벌하겠다는 추상같은 의지를 드러낸다.

　실제로 5·18은 특별법이 제정된 이후 진상조사위원회 출범을 눈앞에 두고 있다. 정말 훌륭한 말은 행동으로 완성된다는 점을, 문재인 대통령은 몸소 입증하고 있다.

이성과 감성을 넘나드는
설득의 기술

정치인이 반드시 갖춰야 할 미덕이 무엇이라고 보는가? 많은 것이 있겠지만, 나는 '설득력'이 정말 중요하다고 생각한다. 아무리 좋은 뜻을 가지고 무언가를 해보려 해도, 혼자 해낼 수 있는 건 아무것도 없다. 정치인의 능력을 의미하는 '정치력'이라는 말의 상당 부분이 적의 마음까지 돌릴 수 있는 '설득력'을 의미할 수밖에 없는 이유다.

물론 정치인이 공인으로서의 사명감이 부족하고 상상력이 빈약해도 큰 문제다. 그래도 그런 정치인들은 시간이 지나면 밑천이 드러나고 정리되게 마련이니, 차라리 다행이라고 해야 할 것이다. 문제는 사명감도 투철하고 상상력도

풍부해 정책도 잘 만드는데, 설득력이 부족해 동료 의원들이나 국민들의 마음을 얻는 데 실패하는 정치인들이다. 정말 안타깝기 짝이 없다.

비단 정치인들만일까. 살다 보면 서로 의견을 주고받으며 상대방을 설득해야 하는 일이 생각보다 꽤 많이 있다.

조급하게 결과를 기대하지 말 것 ————

국민들께서 생각하시기에, 왜 대통령이 야당의 강한 반대를 무릅쓰고 헌법개정안을 발의하는지 의아해하실 수 있습니다. 그 이유는 네 가지입니다.

첫째, 개헌은 헌법 파괴와 국정농단에 맞서 나라다운 나라를 외쳤던 촛불광장의 민심을 헌법적으로 구현하는 일입니다. 지난 대선 때 모든 정당, 모든 후보들이 지방선거 동시투표 개헌을 약속한 이유입니다. 그러나 1년이 넘도록 국회의 개헌 발의는 아무런 진척이 없었습니다. 따라서 지금 대통령이 개헌을 발의하지 않으면 국민과의 약속을 지키기 어렵게 되었기 때문입니다.

둘째, 6월 지방선거 동시투표 개헌은 많은 국민이 국민투표에 참여할 수 있는 다시 찾아오기 힘든 기회이며, 국민 세금을 아끼는 길입니다. 민생과 외교, 안보 등 풀어가야 할 국정 현안이 산적해 있는데, 계속 개헌을 붙들고 있을 수는 없습니다. 모든 것을 합의할 수 없다면, 합의할 수 있는 것만이라도 헌법을 개정하여 국민과의 약속을 지켜야 합니다.

셋째, 이번 지방선거 때 개헌하면, 다음부터는 대선과 지방선거의 시기를 일치시킬 수 있습니다. 따라서 전국 선거의 횟수도 줄여 국력과 비용의 낭비를 막을 수 있는 두 번 다시 없을 절호의 기회입니다.

넷째, 대통령을 위한 개헌이 아니라 국민을 위한 개헌이기 때문입니다. 개헌에 의해 저에게 돌아오는 이익은 아무것도 없으며, 오히려 대통령의 권한을 국민과 지방과 국회에 내어놓을 뿐입니다. 제게는 부담만 생길 뿐이지만 더 나은 헌법, 더 나은 민주주의, 더 나은 정치를 위해 개헌을 추진하는 것입니다. 제가 당당하게 개헌을 발의할 수 있는 이유입니다.

(…) 국회도 국민들께서 투표를 통해 새로운 헌법을 품에 안으실 수 있게 마지막 노력을 기울여주시길 바랍니다. 감사합니다.

— 개헌안 발의 관련 대통령 입장 (2018.3.26.)

개헌은 문재인 대통령의 대표적인 공약 가운데 하나였다. 수많은 이해관계가 얽혀 있고 이를 보는 사람들의 의견 또한 워낙 다양해서, 쉽게 진행하기 어려운 사안이었다. 문재인 정부가 주도적으로 제시한 개헌안 역시 통과될 가능성은 현저히 낮았다. 게다가 개헌의 필요성에 대해 일반 국민들 사이에 충분히 인지되지 않고 있는 것이 사실이었다. 일각에서는 먹고사는 문제가 더 시급한데, 왜 굳이 개헌으로 힘을 빼는 거냐며 불만을 토로하기도 했다.

국회에서 통과될 가능성도 낮고 국민들 사이에서 그 시급성을 제대로 인식하지도 않은 복잡한 이슈. 대통령 입장에서는 "차라리 모르는 척 지나갈까?" 하는 생각이 들 법도 하다. 그러나 문재인 대통령은 포기하지 않았다. 그렇다고 큰 보폭으로 성큼성큼 앞서나간 채 국민들을 끌고 가려고 하지도 않았다. 그저 설득의 첫걸음으로 '왜 이것을 해야 하느냐' 하는 부분, 즉 명분을 납득시키고자 했다.

누군가를 설득하려 할 때 우리가 자주 저지르는 실수 중 하나는, 마음을 조급하게 먹고 서두르는 것이다. 내 머릿속에는 이미 내 제안이 받아들여졌을 때 어떤 일이 벌어질지까지 그림이 다 그려진 상태이다 보니, 상대방을 차근차근 설득하기보다 그냥 '멱살 잡고' 끌고 가게 되는 것이다. 문재인 대통령은 이런 실수를 저지르지 않았다. 그의 개헌안 발의 관련 입장을 보면 '개헌을 위해 이제 첫걸음을 내디딘 거구나'라는 생각이 든다. 조금 답답하더라도 상대방의 속도대로 함께 걸으며 차분히 설득해나가려는 태도가 엿보인다.

문재인식 3단계 설득법 ————

한 청년이 있습니다.

열심히 공부해서 대학에 입학했고, 입시보다 몇 배 더 노력하며 취업을 준비했습니다. 그런데 청년은 이렇게 말합니다. "제발 면접이라도 한 번 봤으면 좋겠어요."

그 청년만이 아닙니다. 우리의 수많은 아들딸들이 이력서 100장은 기본이라고, 이제는 오히려 담담하게 말하고 있습니다. 실직과 카드빚으로 근심하던 한 청년은 부모에게 보낸 마지막 문자에 이렇게 썼습니다. "다음 생에는 공부를 잘할게요."

(…) 이렇게 국민들의 고달픈 하루가 매일매일 계속되고 있습니다. 우리 정치의 책임임을 아무도 부인하지 못할 것입니다. 이 분명한 사실을 직시하고 제대로 맞서는 것이 국민들을 위해 정부와 국회가 해야 할 일이라고 말씀드리고 싶습니다.

(…) 특히 청년 실업은 고용절벽이란 말이 사용될 정도로 매우 심각합니다. 연간 청년실업률은 2013년 이후 4년간 급격하게 높아졌고, 지난 4월 기준 청년실업률은 통계작성 이후 최고치인 11.2퍼센트를 기록했습니다. 체감 실업률은 최근 3개월간 24퍼센트 안팎, 청년 4명 가운데 1명이 실업자입니다.

(…) 거듭 말씀드리지만, 문제의 중심에 일자리가 있습니다. 물론 단번에 해결하기는 어렵습니다. 그러

나 지금 당장, 할 수 있는 만큼은 해야 합니다. 추경을 편성해서라도 고용을 개선하고, 소득격차가 더 커지는 것을 막아야 합니다.

(…) 이제, 추경예산을 어디에, 어떻게 쓰려고 하는지 보고드리겠습니다.

— 추가경정예산안 국회 시정연설 (2017.6.12.)

문재인 대통령이 취임 후 첫 번째 추경 예산을 요청하며 했던 연설은 좋은 설득의 기본을 명확하게 보여준다.

그는 먼저 "한 청년이 있습니다"라는 말로 듣는 이들을 주목시킨다. 딱딱하게 "돈이 필요합니다"라고 말하는 대신, 열심히 노력해 대학까지 나왔지만 면접 한 번 보는 게 소원인 취업준비생의 이야기로 경직된 분위기를 유연하게 풀고 공감대를 형성하고자 한 것이다(앞서 설명했다시피, 문재인 대통령은 스토리텔링으로 말의 서두를 시작하는 걸 무척 좋아한다). 듣는 이의 감성을 건드리는 이야기는 "다음 생에는 공부 잘할게요"라는 말에서 절정에 이른다. 그리고 이렇게 고통받는 청년들을 위해 국회가 나서야 한다며 의원들의 사명감을 자극하고 당장 행동에 나설 것을 촉구한다.

감성으로 접근해 분위기를 내 편으로 만들었으니, 이제 이성으로 다가갈 차례다. 문재인 대통령은 실업률 수치를 구체적으로 제시하며 현재 고용 문제가 얼마나 심각한지 다시 한 번 환기한다. 이것이 몇몇 개인의 문제가 아니라 전 국가적인 문제라는 사실을 인식시키고자 하는 것이다.

이쯤 되면 고용 문제가 왜 중요하며 그 수준이 얼마나 심각한지 설득이 되었을 것이다. 그러자 문재인 대통령은 곧이어 고용 문제 해결을 위한 추경예산을 어디에 쓸지 보고하겠다고 한다. 내용이 너무 길어 다 싣지는 않았으나, 단 한 푼도 허투루 쓰이지 않도록 하겠다는 듯 그는 꼼꼼하게 모든 내역을 소상히 밝힌다.

정리하면, 문제인식 설득법은 다음의 3단계를 따르고 있다. 문재인 대통령은 평소 다른 연설에서도 이 3단계 설득법을 즐겨 사용한다.

- 1단계 상대방이 문제를 인식하도록 함(구체적인 개인의 이야기로 시작해 감성에 호소)
- 2단계 실제 문제의 심각성을 부각(통계자료 등을 인용해 이성적으로 접근)

- **3단계** 요청사항을 일목요연하게 설명(숫자로 활용해 모든 계획을 투명하게 공개)

  이런 식의 설득법은 상대방이 빠져나갈 틈을 거의 주지 않는다. 감성과 이성 사이에서 적절히 줄타기를 하고 있는데다 모든 사항을 남김없이 공유하기 때문에 꼬투리 잡힐 일이 거의 없기 때문이다. 실제로 문재인 정부의 첫 번째 추경은 국회 본회의를 통과하며 11조 원 규모로 확정됐다.

  가장 쉬운 설득법은 감성에 호소하는 것이지만, 이는 상대방을 논리적으로 납득시키지 못해 나중에 결정이 번복될 가능성이 크다. 결국은 확실한 근거 자료가 있어야 설득이 신뢰를 획득하고 나아가 적까지 내 편으로 만들 수 있는 법이다.

정중하게
그러나 단호하게

"사람 좋네."

우리 주변에서 이런 평가를 받는 사람은 대체로 '예스맨 Yes Man'일 가능성이 크다. 웬만한 일에는 화를 내지 않고 부탁하는 건 모두 잘 들어주는 그런 사람에게, 우리는 종종 '사람 좋다'는 평가를 갖다 붙이기 때문이다.

그러나 진짜 좋은 사람은 그렇듯 '좋은 게 좋은 것'이란 식으로 말하고 행동하는 사람이 아니다. 평소에는 관대하지만, 옳고 그름에 있어서만큼은 예민한 사람, 불편한 일에 대해 불편하다고 말할 줄 아는 사람이야말로 진짜 좋은 사람이다. 그 사람이 한 나라의 미래를 결정짓는 중요한 자리에 있을 때에는 더 말할 것도 없을 것이다.

불의에 대해서는 서릿발 같은 언어를 ————

문재인 대통령이 후보 시절, 가장 많이 들었던 이야기 중 하나가 '너무 착해 보인다'는 것이었다. 우리나라에서 정치인이 '너무 착해 보인다'는 것은 치명적인 핸디캡이 아닐 수 없다. 정치인이라면 모름지기 '카리스마 있고 대중을 휘어잡는 힘이 강해야 한다'는 것이 사람들이 일반적으로 갖고 있는 고정관념이다.

실제로 문재인 대통령은 인자한 성품의 소유자로 널리 알려져 있으며, 이는 그가 살아온 삶의 여정만 짚어 봐도 알 수 있는 부분이다. 하지만 이는 그를 하나만 알고 둘은 모르는 것이다.

문재인 대통령은 대체로 상대방을 편하게 대해주지만, 경우에 맞지 않는다고 판단하면 그 느린 말투로 상당히 단호하게 말을 이어간다. 대통령 후보 시절, 2017년 4월 23일 열린 중앙선거관리위원회 초청 대선후보 토론회에서 그는 야당의 유력 후보로서 엄청난 질문 공세에 시달려야 했는데, 이때 그가 보여준 공격적인 모습은 두고두고 회자가 되기도 했다.

당시 바른정당 유승민 후보가 '문재인 후보가 UN 인권결의안 표결에 참여할 때 북한에 미리 의견을 구했다'는 송민순 전 외교부 장관(당시 외교통상부)의 말을 인용해 공격에 나서자, 그는 서릿발 같은 말투로 "제대로 확인해보세요. 여러 번 말했지만 사실이 아닙니다"라고 답한다. 이에 유승민 후보가 거듭 의견을 밝히려 하자, 그는 "(내 말을) 끊지 마세요"라며 "다시 확인해보고 의문이 있으면 그때 질문하세요"라고 강하게 응수한다. 그러면서 유승민 후보에게 "합리적이고 개혁적인 보수라고 느껴왔는데, 대선 국면에 또다시 구태의연한 색깔론을 들고 나와 실망스럽습니다"라고 비판한다.

이런 그의 모습은 이전까지 그가 보여주었던 젠틀한 이미지에서 완전히 벗어나는 것이었다. 그런데 이 모습은 갑자기 선거용으로 만들어진 것이 아니었다. 그 이전에도 문재인 대통령은 의외의 강력한 표현을 들고 나왔던 적이 적지 않았다.

국민이 이겼습니다. 능선 하나를 넘었습니다. 어둠 속에서 국민들이 밝혀주신 촛불이 길이 되었습니다.

오늘 국회의 대통령 탄핵 의결은 명예롭고 평화롭게 시민혁명을 이룬 국민의 힘으로 가능했습니다. 역사가 그 노력을 장엄하게 기록할 것입니다. (…)

우리는 지금 촛불혁명의 한가운데에 서 있습니다. 촛불은 대통령 퇴진과 함께 불평등, 불공정, 부정부패의 3불 사회의 척결을 향해 있습니다. 촛불은 대통령 퇴진을 넘어 상식과 원칙이 통하는 사회, 정의가 바로 선 사회를 향해 있습니다.

우리가 넘어야 할 마지막 능선은 국가 대청소를 통해 국가 대개조의 길로 가는 것입니다. 국민들은 여전히 찬바람 앞에서 국가가 가야 할 길을 밝히고 있습니다. 국민을 믿고 거침없이 새로운 대한민국으로 향해 가겠습니다. 국민들만이 이 나라의 용기이며 희망입니다.

— 박근혜 대통령에 대한 탄핵소추안 가결 직후
페이스북에 올린 글 (2016.12.9.)

국민이 이겼습니다. 능선 하나를 넘었습니다.
어둠 속에서 국민들이 밝혀주신 촛불이 길이 되었습니다.

문재인 대통령은 적폐 청산을 '국가 대청소'라고 표현했다. 그 의미가 대단히 명징하면서도 어떻게 보면 상당히 과격한 말이 아닐 수 없다. 한마디로, 부패한 세력을 완전히 쓸어버리겠다는 것이기 때문이다. 문재인 대통령의 평소 이미지를 생각할 때 이런 표현은 상당히 이례적으로 보이기도 하지만, 그만큼 불의와는 타협 없이 간다는 생각을 정확하게 드러냈다고도 볼 수 있다.

짚고 넘어갈 건 짚고 넘어간다 ————

촛불 민심을 헌법에 담기 위한 개헌이 끝내 무산됐습니다. 국민과의 약속을 지키지 못해 매우 송구스럽고 안타깝습니다.

국회는 대통령이 발의한 개헌안의 가부를 헌법이 정한 기간 안에 의결하지 않고 투표 불성립으로 무산시켰습니다. 국회는 헌법을 위반했고, 국민은 찬반을 선택할 기회조차 갖지 못하게 됐습니다. 국회가 개헌안을 따로 발의하지도 않았습니다.

많은 정치인이 개헌을 말하고 약속했지만, 진심으로 의지를 가지고 노력한 분은 적었습니다. 이번 국회에서 개헌이 가능하리라고 믿었던 기대를 내려놓습니다. 언젠가 국민들께서 개헌의 동력을 다시 모아주시기를 바랍니다.

진심이 없는 정치의 모습에 실망하셨을 국민들께 다시 한 번 송구스럽다는 말씀을 드립니다.

— 개헌 무산 관련 문재인 대통령 입장(2018.5.25.)

앞서 살펴보았듯이, 개헌은 첨예한 이해관계가 얽혀 있는 대단히 민감한 사안이다. 그렇다 보니 문재인 대통령 역시 이 개헌안이 통과되기 어렵다는 것쯤은 알고 있었을 것이다. 안 될 줄 알면서 밀어붙였던 것이다. 그리고 예상대로 무산되어버리자, 이에 대해 확실한 불만을 담아 입장을 발표했다.

개헌의 필요성에 대한 공감대는 어느 정도 형성된 상태이지만, 어느 방향, 어떤 방식으로 할지에 대해서는 입장이 여러 갈래로 나뉘고 있다. 이런 상황만 보면 개헌에 관한 논의를 시작하는 것조차 버거워 보인다. 문재인 대통령은 이를 감안해, 먼저 이와 관련된 생각할 거리들을 제시하고 논의의 출발점을 만들고자 이런 무모한 도전(?)을 감행했을 것이다.

그리고 예상대로 개헌안이 무산되자, "많은 정치인이 개헌을 말하고 약속했지만, 진심으로 의지를 가지고 노력한 분은 적었습니다"라는 말로 약속을 지키지 않고 제 소임을 다하지 않은 정치인들을 강하게 질타한다. 말뿐인 정치권에 실천하는 모습을 보여준 후 잘못을 제대로 지적한 것이다. 처리해야 할 사안이 산적한 상황이지만 짚고 넘어갈 부분은 반드시 짚고 넘어가는 리더, 원칙을 지킨다는 게 무엇인지 몸소 보여주는 리더의 서릿발 같은 한마디가 아닐 수 없었다.

그래도 함께 가야 할 상대라면 ————

그렇다면 누가 봐도 '쓸어버려야 할 상대'가 아니라, '어떻게 해서든 함께 가야 할 상대'가 말썽일 때는 어떻게 해야 할까? 앞뒤 가리지 않고 뜻대로 밀어붙여야 할까? 아쉬운 건 내 쪽이니, 무조건 숙이고 들어가야 할까?

> 북미정상회담이 예정된 6월 12일에 열리지 않게
> 된 데 대해 당혹스럽고 매우 유감이다. 한반도 비핵
> 화와 항구적 평화는 포기할 수도, 미룰 수도 없는 역
> 사적 과제이다. 문제 해결을 위해 노력해온 당사자들
> 의 진심은 변하지 않았다. 지금의 소통방식으로는 민
> 감하고 어려운 외교 문제를 해결하기 어렵다. 정상
> 간 보다 직접적이고 긴밀한 대화로 해결해가기를 기
> 대한다.
>
> ─ 북미정상회담 관련 문재인 대통령 입장(2018.5.25.)

남북정상회담으로 기껏 평화의 장을 마련하고 화해 무
드를 조성해놨는데, 며칠 지나지 않아 시한폭탄 같은 두 남
자가 판을 깨고 말았다. 문재인 대통령 입장에서는 기가 막
힐 노릇이었을 것이다. 화도 났을 테다.

그러나 이런 감정을 전면에 드러내며 양 정상을 대놓고
비판하는 것은 불가능한 상황이다. 어쨌거나 북미와 완전
히 등을 돌릴 경우, 손해는 고스란히 우리에게 돌아올 테니

문재인의 말하기

까 말이다.

그러면 애써 양쪽의 비위를 맞추며 이 불편한 감정을 완전히 숨겨야 맞았을까? 문재인 대통령은 이 상황에 대해 최대한 건조하게 입장을 전달하는 것으로, 자신의 화난 감정을 넌지시 드러낸다.

우선 "당혹스럽고 매우 유감"이라는 말로, '당신들이 잘못했다'는 말을 돌려 표현한다. 대화법 중에 '나 전달법 I-message'과 '너 전달법You-message'이라는 것이 있다. 각각 주어를 '나'로 하느냐, '너'로 하느냐로 구분하는 것인데, 같은 말이라도 주어 선택을 어떻게 하느냐에 따라 말의 뉘앙스라든지 듣는 사람의 반응이 완전히 달라질 수 있다. 이를테면 상대방과 의견이 다를 때, 너 전달법으로 말한다면 "당신이 틀렸어요"가 될 것이고, 나 전달법으로 말한다면 "내 생각은 이래요"가 될 것이다. 상대가 듣기에 기분 나쁜 말은 당연히 전자 쪽이다.

문재인 대통령은 다행히 너 전달법보다는 나 전달법을 선호한다. 그렇지 않았다면 "당혹스럽고 매우 유감"이라고 말하는 대신 "이건 모두 당신들 잘못"이라고 했을 것이다. 문재인 대통령은 나 전달법을 활용해, 상대의 잘못을 드러내는 한편 상대의 기분을 최대한 상하지 않게 하는 선에서 입장을 표명했다.

그는 또한 "문제 해결을 위해 노력해온 당사자들의 진심은 변하지 않았다"는 말로, 지금의 평화 국면을 만들기 위해 우리 정부는 물론 북한과 미국이 기울여온 노력을 강조한다. 나아가 "지금의 소통방식으로는 민감하고 어려운 외교 문제를 해결하기 어렵다"는 말로 문제점을 정확히 꼬집으며 "정상 간 보다 직접적이고 긴밀한 대화로 해결해 가"라고 주문한다.

"우리는 지금까지 할 만큼 했다. 당신들이 잘못해서 판이 깨졌으니, 이제 얼른 화해하고 다시 판을 짜라. 아직 늦지 않았다."

이런 메시지가 분명하게 읽히지 않는가? 양쪽의 눈치를 보며 매달리는 듯한 모양새를 취할 수 있는 상황이었음에도, 그는 한 나라 대통령으로서 품위 있고도 냉정하게 의사를 표현했다. 평소의 입장문에 비해 많지 않은 문장이지만 의미 전달에 꼭 필요한 문장만 담겨 있는, 간결하면서도 강력한 입장문이다.

물론 문재인 대통령은 이렇게 입장을 발표한 후, 알다시

피 상황을 지켜보기만 하며 나 몰라라 하지 않았다. 공식적인 입장은 단호하게 밝히되, 물밑 채널을 총동원해 결국 북미정상회담의 불씨를 되살리는 데 일조했다. 다시 한 번 행동이 뒷받침되지 않은 말은 공허할 뿐이라는 사실을 절감하게 되는 순간이다.

4장

말수는
적게,
눈빛은
강력하게

소통의 첫걸음은
눈높이 맞추기

2017년 12월.

한 해가 저물어가던 추운 겨울날, 한 소방관이 자살 기도 신고를 받고 아파트로 출동했다. 방문은 당연히 잠긴 상태였고, 하는 수 없이 그는 아파트 외벽을 타고 잠긴 방 안으로 들어가야만 했다. 그러다 눈 깜짝할 사이에 9층에서 추락하고 만다.

곧바로 병원으로 옮겨졌지만, 이튿날 새벽 아까운 생명은 그대로 세상을 떠나버렸다. 사랑하는 아내와 일곱 살배기 어린 아들. 그가 세상에 남겨둔 소중한 가족이었다.

위로를 위해 무릎을 굽히다 ―――――

2018년 6월 6일 국립대전현충원에서 열린 제63회 현충일 추념식에서 문재인 대통령은 나라를 위해 싸우다 숨진 순국선열, 공무 중 순직한 공무원 등의 묘에 참배했다. 그러고는 자살하려는 사람을 구하려다 순직한 소방관의 가족에게 국가유공자 증서를 전달했다.

이 장면이 담은 사진은 그날 각종 언론매체에 일제히 보도되었다. 사연만으로도 보는 이들의 눈시울을 적시기 충분한데, 아버지의 죽음을 인식하기에 너무 어린, 소방관의 일곱 살배기 아들이 티 없이 맑은 표정으로 문재인 대통령을 보며 혼자 활짝 웃고 있는 모습은 보기 힘들 만큼 가슴이 아팠다.

우리 모두는 언제나 공공의 안녕을 위해 봉사하는 분들에게 빚진 채 살아간다. 그러므로 국가를 위해 살다 돌아가신 분들에게는 정성을 다해 최고의 대우를 해드려야 마땅하다. 그것이 그분들에 대한 최소한의 예우인 동시에 그분들의 가족을 향한 위로가 될 것이며 한발 더 나아가 남아있는 사람이 어떻게 살아가야 할 것인지 보여주는 모범이

된다. 이는 그 사회의 수준을 보여주는 지표이기도 하다.

문재인 대통령 역시 이 점을 틀림없이 인식하고 있을 터였다. 그러했기에 역대 대통령 중 처음으로 그날 무연고 묘지를 방문해 참배하는 모습을 보여주기도 했으리라.

슬픔으로 가득한 가운데, 내 눈길을 잡아끌었던 것은 문재인 대통령이 순직한 소방관의 일곱 살 아들을 위로하고 격려하는 모습이었다. 그는 말간 얼굴의 일곱 살 소년에게 직접 유공자 증서를 수여했는데, 이때 꼿꼿이 선 채로 증서만 건넨 것이 아니라 무릎을 반쯤 구부리고 허리를 숙인 채 아이와 눈높이를 맞추었다.

두 사람 사이의 거리는 물리적으로 매우 가까웠다. 문재인 대통령을 바라보는 아이의 입가에 미소가 번졌다. 기억에 남는 순간이 아닐 수 없었다.

남을 배려하는 습관 ─────

우리는 비단 음성 언어뿐 아니라 다양한 수단을 통해 직·간접적으로 의사를 표현할 수 있다. 다양한 제스처나 표정, 자세, 시선 등이 모두 몸짓 언어로서 또 다른 '말'의 역할을 한다고 보는 이유가 여기에 있다.

그중에서도 눈빛은 진심을 전하기에 더없이 좋은 도구다. 그래서 눈빛을 전략적인 의사 전달의 수단으로 사용할수도 있겠지만, 때로는 의도치 않아도 진심이 눈빛을 통해 먼저 드러나기도 한다.

그날 소방관 아버지를 잃은 일곱 살 소년 앞에서 문재인 대통령이 보여준 것은 바로 그런 복잡한 심경을 담은 눈빛이었다. 그 눈빛 안에 이 아이에 대한 미안함과 위로의 말들이 모두 들어 있었음을, 그 사진을 본 사람이라면 누구나 느꼈을 것이다.

하지만 그 순간, 눈빛 이상으로 큰 소통 수단이 되어주었던 것은 바로 눈높이를 맞추려는 문재인 대통령의 행동이었다. 자세가 꼿꼿하고 단정하기로 유명한 그가 당연하다는 듯이 아이를 위해 무릎을 굽혔다.

허리를 숙이고 무릎을 접으며 눈높이를 맞추는 행위는 '당신의 감정에 공감하고 싶다' '나에게 하고 싶은 이야기가 있다면 언제든지 해도 좋다'는 열린 마음을 드러낸다. 특히나 이는 상대방과의 물리적 거리와 함께 심리적 거리까지 줄일 수 있다. 상대방 입장에서는 자신에게 먼저 다가온 그에게 신뢰가 생기지 않을 수 없다. 결국 이런 행위는 그 자체만으로 상대방을 위로하고 격려하는 탁월한 몸짓 언어라 할 수 있다.

한번 머릿속으로 떠올려보라. 그동안 어린아이와 눈높이를 맞추기 위해 무릎을 굽혔던 대통령(혹은 주변의 리더)이 몇이나 있었는지를. 그것은 아주 사소하지만, 평소 남을 배려하는 습관을 가진 사람이 아니면 할 수 없는 진심에서 우러나온 행동이었다.

아이들에게는 아이들의 눈높이로 ————

문재인 대통령은 위로가 필요한 순간에만 무릎을 굽히지 않는다. 즐거운 순간에도 기꺼이 무릎을 굽혀 상대방과 함께 기쁨을 나눌 줄 안다.

2018년 5월 5일 어린이날, 문재인 대통령은 도서·벽지·접경 지역의 어린이들을 청와대로 초청해 '명랑 운동회'를 함께 했다. 이 자리에서 문재인 대통령은 영부인 김정숙 여사와 함께 아이들을 맞았는데, 넥타이를 매지 않은 편안한 재킷 차림이었다. 이후 그는 아이들과 일일이 악수를 하며 인사를 나누었다.

이때도 그는 다시 허리를 낮춘 채 아예 쪼그리고 앉았다. 그러고는 아이들 한 명, 한명과 눈높이를 맞추며 반갑게 이야기를 건넸다. 아이들 입장에서는 처음 만난 대통령 할아버지가 낯설고 무서웠을지 모른다. 여기저기서 사진을 찍어대는 상황도 불편했을 것이다. 그런 아이들의 경계심을 풀어주고 친근하게 인사를 건네는 대통령의 모습에 흐뭇한 미소가 번지지 않을 수 없었다.

이날 문재인 대통령 내외는 서로 팀을 나누어 아이들과 박 터뜨리기 놀이를 하는 등 아이들과 말 그대로 '재미있게 놀아주었다.' 일반적으로 청와대의 어린이날 행사라고 하면 떠올릴 법한, 공연을 관람하고 질서정연하게 자리에 앉아 대통령과 대화를 나눈 후 식사를 하는 형식적인 자리가 아니었던 것이다.

아이들이 정말 원하는 것이 무엇인지, 어떻게 해야 그 아이들이 즐거운 시간을 보낼 수 있을지를 생각하고 그에 맞게 기획된 행사였다. 아이들에게는 그야말로 자신의 눈높이에 맞는 최고의 선물이었을 것이다. 다시 한 번, 문재인 대통령은 눈높이를 맞출 줄 아는 사람임을 깨닫게 해주는 장면이었다.

어려운 상대와 대화를 해야 할 때 무엇부터 신경을 써야 할지 모르겠다면 일단 그와 눈높이를 맞추는 데서 시작하라. 대화를 시작하며 눈을 맞춘다는 건, 상대방에게 노크를 하는 것이나 다름없다. 노크를 해야 상대방이 빗장도 풀고 문도 열어주지 않겠는가.

정중한 인사가
감동의 언어로

첫 만남에서 누군가에게 좋은 인상을 남기고 싶다면 인사부터 잘 하라는 말이 있다. 특히 신입사원이 회사에 들어가 선배들에게 가장 많이 듣는 말이 이것일 것이다. 당연하다. 인사는 만남의 처음과 끝을 장식한다. 의사소통의 문을 열고 닫는 만큼 정말 중요한 언어라고 봐야 한다.

인사 하나만 잘 해도 누구에게나 점수를 많이 딸 수 있다. 인사 하나만 잘 해도 누구에게나 크게 칭찬을 받을 수 있다. 그런데 '웬만한 인사'를 뛰어넘는 '최고의 인사'가 있다. 이는 사람들에게 점수도 따고, 칭찬도 받는 것을 넘어 깊은 감동을 안겨준다.

문재인의 말하기

매너의 핵심은 방향성 ————

문재인 대통령이 취임 후 얼마 지나지 않았을 때의 일이다. 별로 특별할 것 없어 보이는 사진 한 장이 큰 화제가 됐다.

때는 2017년 7월. 문재인 대통령은 G20 정상회의에 참석하기 위해 대통령 전용기를 타고 출국하려던 참이었다. 관계자들의 배웅을 받으며 대통령 전용기를 향해 가던 문재인 대통령은 한쪽에 서 있던 정비사들을 보고는 멈춰 서서 허리를 90도로 굽히며 정중히 인사를 했다. 생각지도 못한 인사를 받은 정비사들은 놀란 나머지 모자를 벗기도 하고, 똑같이 허리를 숙이며 인사를 하기도 하고, 거수경례를 하기도 했다.

누군가는 그런 행동이 화제가 될 정도로 대단한 것이냐고 할 수도 있다. 또 다른 누군가는 그냥 쇼를 하는 것일 뿐이라고 평가절하할 수도 있다. 그런데 한번 스스로를 향해 진지하게 물어봤으면 한다. 당신은 윗사람이 아닌 사람에게 단 한 번이라도 그렇게 고개를 90도로 숙여 인사를 해본 적 있는가?

그 장면을 보고 나니 문득 나 자신을 돌아보지 않을 수 없었다. 나는 구내식당에서 고생하시는 영양사분들에게 "감사합니다"라고 말했던 적이 있었나? 화장실에서 "죄송합니다"라고 말하며 들어와 조용히 청소하시는 분에게 "고맙습니다"라고 말했던 적이 있었나? 사내 편의점에서 아르바이트하는 청년에게 "수고하세요"라고 인사를 건넸던 적은?

'매너'라는 말을 떠올려본다. 매너란 '일상에서의 예의와 절차' 혹은 '행동하는 방식이나 자세'를 말한다. 매너는 누군가를 전제로 한 관계적인 개념이다. 하지만 나는 매너라는 말에 '방향성'이라는 의미를 포함하고 싶다.

매너란 누구를 향하느냐가 중요하다. 나보다 강한 사람, 나이가 더 많은 사람, 윗사람에게 매너가 없는 사람은 그리 많지 않다. 문제는 나보다 약한 사람, 나이가 더 적은 사람, 아랫사람을 어떻게 대하느냐다. 그들에게 어떤 말을 쓰는지, 그들 앞에서 어떻게 행동하는지, 어떤 태도로 다가가는지가 매너의 참된 의미를 완성시킨다.

약자에게는 함부로 행동하면서 자신에게 이익이 되거나 자신이 함부로 할 수 없는 강자에게는 입가에 미소를 머금고 품격 있게 말하는 사람에게 과연 '매너 있다'는 말을 할 수 있을까? 그가 보여주는 매너란 오로지 껍질만 있는 매너, 거짓 매너 아닐까?

한결같은 인사가 말해주는 것 ————

문재인 대통령이 그날 정비사들을 향해 인사를 한 것이 쇼가 아니라는 증거는 그가 이후 보여준 한결같은 모습들에서 발견할 수 있다.

그의 매너는 국적을 가리지 않는다. 2018년 5월, 문재인 대통령은 한중일 3국 정상회의에 참석하기 위해 일본을 방문했다. 당일 용무를 마치고 한국으로 돌아가기 위해 대통령 전용기에 탑승하려던 그는 계단에 오르기 전에 비행기 바퀴 밑에서 최종 정비를 끝낸 일본 정비사들을 발견하고는 그들에게 다가선다. 그러고는 일본 정비사들에게 손을 흔들자 정비사들도 공손히 인사로 답한다. 이 정도에서 끝나는 줄 알았는데, 이번에는 90도로 꾸벅 인사를 한다.

비슷한 장면이 한 번 더 있었다. 2018년 6월 러시아에 방문하기 위해 출국하던 길. 문재인 대통령은 이번에도 어김없이 정비사들을 향해 깍듯이 인사를 했다. 이미 비슷한 상황을 경험한 정비사들이어서 그런지 이번에는 그다지 당황하지 않는 눈치였다.

이것이 쇼라고 할 수 있을까? 아니, 설령 쇼라 해도 상관없다. 이런 모습 자체가 "이 사회를 위해 눈에 띄지 않는 곳에서 고생하는 분들 한 명 한 명을 귀하게 여겨야 한다"고 하는, 리더의 중요한 메시지가 되기 때문이다. 이런 메시지가 지금 우리 시대에 반드시 필요하다는 사실은 모두가 느끼고 있는 바다.

인사를 통해 메시지를 전한다 ————

2017년 3월, 문재인 대통령은 대선 후보 신분으로 한 노인을 만난다. 독립운동가의 자손 김시진 어르신이 그 주인공이었다. 이 자리에서 문재인 후보는 "우리 같은 사람들에 대해서는 신경 쓰지 마시고 국사를 더 돌보세요"라고 말하는 김시진 어르신에게 "이보다 더 중요한 국사가 없습니다"라고 답한 후 큰절을 올렸다.

그리고 그날, 페이스북에 아래와 같은 글을 올렸다.

> 역사를 기억하지 않는 민족에게 미래는 없습니다. 친일과 독립의 역사를 똑똑하게 기억해 대한민국의 미래를 가리키는 나침반의 바늘을 바로잡아야 합니다. 촛불의 빛으로 건국 100년 진정한 광복을 맞이하리라 확신합니다.

김시진 어르신은 만주에서 항일 투쟁을 펼쳤던 김대락 선생의 증조손으로, 그의 집안은 증조부와 할아버지, 아버지에 이르기까지 독립운동을 했다. 그러나 이에 대한 증거를 찾을 길이 없어 국가유공자 지정 및 서훈을 받지 못한 아픈 사연을 가지고 있다.

이런 분을 향한 문재인 후보의 큰절은 아직도 해결하지 못한 친일파 청산에 대한 의지를 보여주는 동시에, 나라를 위해 독립운동을 펼쳤지만 제대로 인정받지 못한 분들에 대한 위로를 보여주는 상징적인 언어였다. 이를 증명하기라도 하듯, 문재인 대통령은 김시진 어르신에게 태극기를

역사를 기억하지 않는 민족에게 미래는 없습니다.
친일과 독립의 역사를 똑똑하게 기억해
대한민국의 미래를 가리키는
나침반의 바늘을 바로잡아야 합니다.

선물로 드리기도 했다.

문재인 대통령은 후보 시절부터 이렇듯 나라를 위해 중요한 일을 했거나 혹은 나라로 인해 상처받은 국민들을 많이 찾았다. 그중에서도 널리 알려지지 않은 분들을 많이 만났는데, 그분들에게 인사를 드리고, 감사를 전하고, 사죄를 하는 행동을 통해 자신의 국정 운영 철학을 간접적으로 대중에게 드러내곤 했다.

물론 이는 상당히 전략적인 행보다. 그러나 전략적이라고 해서 그 가치가 퇴색되는 것은 아니다. 그런 행보들로 인해 발굴된 이슈들이 대체로 공익적 관점에서 대중의 관심을 받아 마땅한 것들이었기 때문이다.

우리가 주목해야 할 부분은 '나라를 위해 중요한 일을 했거나 혹은 나라로 인해 상처받은, 그러나 알려지지 않은 분들'이라는 데 있다. 문재인 대통령은 사회가 빚을 지고 있는 분들, 그러나 현재는 사회적 약자인 분들을 의도적으로 찾아내 그분들에게 고개를 숙였다. 그의 큰절이 더욱 감동적으로 다가오는 이유다.

우리가 알게 모르게 빚을 지고 있는 분들이 주변에 누가 있는지 한번 돌아보자. 그분들에게 건네는 인사가 당신을 한층 괜찮은 사람으로 만들어줄 것이다. 이것이 다른 사람들에게 긍정적인 영향을 주는 아름다운 언어로 작용할 것은 물론이다. 나 자신에 대한 뿌듯한 마음은 덤이다.

때와 장소를 가릴 줄 아는
터치의 기술

    말로는 모든 것을 표현하기 어려운 순간이 있다. 실은 그런 순간이 참 많다.

    무척이나 기쁘고 행복할 때 혹은 너무나 슬프고 우울할 때 우리는 종종 '터치'를 통해 상대방에게 내 감정을 전달한다. 서로 얼싸안고, 손을 잡고 벅차오르는 기쁨을 나누기도 하고, 가만히 어깨에 손을 올린 채 토닥토닥 슬픔과 위로를 주고받기도 한다.

    한편 트럼프 대통령은 처음 만난 상대방의 손을 꼭 잡고 오랫동안 악수를 하는 것으로 악명이 높다. 힘의 우위를 과시하기 위한 방편으로 터치를 활용하는 것이다. 어느 쪽이

됐건 간에, 때와 장소, 상대방에 따라 이루어지는 터치는 때때로 노련한 몇 마디 말보다 훨씬 강력한 힘을 발휘한다.

약자들을 위로하는 포옹의 언어 ————

문재인 대통령은 포옹으로 많은 말을 대신하곤 한다. 심지어 대선 후보 시절에는 사전투표율 25퍼센트 달성에 대한 공약으로 '프리 허그'를 내놓은 후, 실제 사전투표율이 26.06퍼센트를 기록하자 홍대 부근 거리에서 프리 허그 행사를 진행하기도 했다. 어디 그뿐인가. 두 차례의 남북정상회담에서 김정은 위원장과 나누었던 진한 포옹 역시 인상적인 장면으로 두고두고 회자가 되기도 했다.

세월호 유가족들과 나눈 포옹 역시 빼놓을 수 없다. 2017년 4월 16일 당시 대선 후보 신분이던 문재인 대통령은 세월호 참사 3년 기억식에 참석해 세월호 참사 가족협의회 운영위원장과 악수와 함께 가벼운 포옹을 했다. 이 장면이 그 자체로 사람들의 마음을 크게 움직이진 못했을 것이다. 대중의 환심을 사야 하는 대선 후보로서의 입장을 고려할 때 충분히 할 수 있는 행동으로 보였기 때문이다. 그러나 그로부터 정확히 넉 달 후인 2018년 8월 16일, 문재인 대통령은 잊지 않고 세월호 참사 피해자 가족을 청와대에 초청했다. 그러고는 다시 한 번 피해자 가족들과 포옹하며 인사를 나누었다. 후보 신분이었을 때나 대통령이 됐을 때나 그의 행동에는 변함이 없었다. 비로소 그의 포옹이 감동으로 완성되는 순간이었다.

하지만 많은 사람들의 뇌리에 강렬히 남은 문재인 대통령의 포옹 장면은 따로 있다. 앞서 문재인 대통령의 눈물에 대해 이야기할 때 한 번 다룬 바 있는 2018년 5·18 기념식으로 돌아가보자.

이날의 기념식은 마치 한 편의 드라마를 보는 듯했다. 당시 추모사를 했던 김소형 씨의 사연은 듣는 이의 심금을 울리기 충분했다. 그녀는 1980년 5월 18일 광주, 즉 비극이 일어난 바로 그날, 그곳에서 태어났다. 그녀의 아버지는 전남 완도에서 직장을 다니고 있었는데, 갓 태어난 딸을 보기 위해 광주를 찾았다가 계엄군이 쏜 총탄에 목숨을 잃고 말았다.

자신이 태어났기 때문에 아버지가 돌아가신 건 아닐까

하는 죄책감과 슬픔을 평생 안고 살아왔을 그녀는, 결국 추모사를 하던 도중 울음을 터뜨리고 말았다. 이를 지켜보던 문재인 대통령 역시 안경을 벗고 눈물을 훔쳤다. 김소형 씨가 겨우 추모사를 마치고 퇴장을 하던 그때, 문재인 대통령은 황급히 그녀의 뒤를 따라갔다. 그러고는 따뜻하게 그녀를 포옹하며 위로의 말을 건넸다. 전혀 각본에 없던 이 장면을 지켜본 많은 사람들 역시 눈시울이 붉어졌다.

그녀는 추후 인터뷰에서 아버지가 살아계셨다면 문재인 대통령과 비슷한 모습이지 않을까 생각했다고 말했다. 그날 그 순간, 문재인 대통령은 그녀에게 돌아가신 아버지와 다름없었을 것이다. 그때 그 포옹은 누가 봐도 아버지와 딸의 그것이었다.

좋은 터치의 표본 ————

터치의 위력을 입증해주는 실험과 관련 논문은 많이 소개되어 있다. 그중 잘 알려진 것이 1987년 A. 리 스튜어드A. Lee Steward와 마이클 루퍼Michael Lupfer가 교사와 학생을 대상으로 진행한 실험을 토대로 쓴 논문이다. 이 논문에서 그들은 학생에 대한 교사의 터치가 어떤 영향을 끼치는지 밝혔다. 실험 결과, 자신을 터치한 교사에 대해 학생들은 재미있고 유능하다며 긍정적으로 평가한다는 사실이 드러났다. 터치하지 않은 경우에는 이와 같은 평가를 하지 않았다. 또한 교사의 터치에 의해 학생들의 성적 향상 유무가 갈리기도 했다. 실험 이전에는 성적에 별 차이가 없던 학생 집단에서 교사의 터치를 받은 학생은 성적이 올랐지만, 그렇지 않은 학생은 성적이 떨어진 것이다.

결국 진심을 담은 적절한 터치는 상대방의 심경은 물론 나와의 정서적 친밀도, 이후의 성취도에까지 커다란 영향을 미친다는 점을 알 수 있다. 그런 점에서 보면 좋은 터치는 말 한마디보다 훨씬 효과적인 커뮤니케이션 수단이 될 수 있는 셈이다.

사실 잘 모르는 상대방을 서로 사전 교감이 없는 상태에서 안아준다는 것은 함부로 할 수 있는 행동이 아니다. 이는 자칫 잘못하면 상대방의 불쾌감을 유발할 수 있고, 심할 경우 범죄로 간주될 수도 있다. 때문에 가족 이상으로 친밀한 관계가 아닌 이상 누군가를 불시에 포옹한다는 건 대단히 큰 용기를 필요로 하는 행동이다.

그날 문재인 대통령 역시 분명 용기를 냈을 것이다. 추모사를 듣고서, 잠시나마 아버지를 억울하게 잃은 저 딸의 심정을 헤아려주고 싶었을 것이고, 다만 말 한마디로라도 위로를 건네고 싶었을 것이다. 하지만 사전 약속이 되어 있지 않은 상태. 그는 추모사를 마치고 제자리로 돌아가는 그녀를 거의 '허둥지둥' 따라갔다. 그 모습에서 사람들은 각본 없는 진심을 보았으며, 이런 문재인 대통령의 진심은 그녀에게도 전해져 아버지를 떠올리게 했던 것이었다.

그의 터치가 아름다운 이유 ————

터치 상대가 리더라고 해서, 대통령이라고 해서 모두가 터치를 반긴다고 생각하면 오산이다. 그런 맹목적인 추종의 시대는 끝난 지 오래다. 때와 장소, 상황에 맞지 않은 터치는 오히려 반감과 오해만 살 뿐이다.

언젠가 한 스포츠 선수가 좋은 성과를 내고 귀국을 했다. 이를 기다린 한 정치인이 꽃목걸이를 걸어주었다. 그리고 어깨를 두드리며 격려하려고 하자, 그 선수는 오히려 당황한 듯 뒤로 몸을 살짝 뺐다. 이를 두고 그 정치인이 함부로 선수를 포옹하려 했다며 많은 사람들이 비아냥거리기도 했다.

그 정치인이 정말 많은 사람들이 지켜보는 가운데 나쁜 마음으로 그런 행동을 했던 것일까? 그렇진 않을 것이다. 바쁜 시간을 쪼개 축하를 전하려 했던 그 마음 자체를 왜곡해선 안 된다. 다만, 그 축하의 형식에 문제가 있었음은 명백하다.

똑같이 친분도 없었고 사전 협의도 없던 상태에서 이루어진 포옹 제스처인데, 왜 그 정치인은 오해를 받고 문재인 대통령은 진한 감동을 주었을까?

그것은 바로 상황의 특수성에 있다. 문재인 대통령은 국가 권력에 의해 침해당한 이들, 바로 약자에게 미안한 마음과 함께 위로의 메시지를 전달하고자 포옹을 했다. 오랜 세월 고통받은 이들의 마음을 어루만지기 위해 행한 터치였다. 이때의 포옹은 누군가의 짐을 덜어주고 따뜻한 체온을 나누어준다는 점에서, 약자인 상대방에게 마음 깊숙이 감동적으로 파고들 가능성이 크다.

그러나 이런 위로의 순간이 아닌 기쁨의 순간에 나누는 터치는 보통 동등한 사이, 아주 친밀한 사이에서 주로 이루어지곤 한다. 그 정치인은 이런 터치의 역학을 이해하지 못했고, 그 탓에 불필요한 오해를 사고 말았다.

문재인 대통령은 주로 슬프고, 어둡고, 괴로운 일에 처한 사람들을 만났을 때 포옹을 하는 경우가 많다. 이는 그에게 대통령이라는 자리가 주는 위압감과 엄숙함 대신 자상한 아버지 혹은 편안한 친구 같은 이미지를 만들어주었고, 사람들의 호감을 사는 중요한 요인 중 하나로 기능하고 있다. 문재인 대통령을 왜 많은 사람들이 좋아하는지 알고 싶다면, 그의 터치가 언제 어떤 순간에 이루어지는지 유심히 살펴볼 일이다.

문재인의 말하기

깜짝 등장이
기분 좋은 언어가 되려면

언젠가 어느 도지사가 소방서 대원과 나눈 전화통화 내용이 공개돼 사회적으로 큰 이슈가 된 적이 있다. 이 도지사는 긴급전화인 119에 전화를 걸어 자신이 도지사임을 밝혔지만, 전화를 받은 대원은 장난전화라 생각해 별다른 반응을 보이지 않은 채 몇 분간 통화를 하다 그냥 전화를 끊어버린다. 그러자 도지사는 다시 전화를 걸어 항의를 했는데, 그의 고압적인 말투와 태도가 사람들에게 큰 공분을 일으킨 것이다.

이후 도지사는 한 방송에 출연해 자신이 119 총책임자이며, 제복 공무원은 전화를 할 경우 반드시 관등성명을 댄

후 말을 해야 하는데 그 대원이 기본적인 룰을 지키지 않아 이를 지적했을 뿐이라고 해명했다. 이 이야기를 듣고 보면, 그 사건으로 정치적 입지가 좁아지는 등 큰 타격을 입은 그 도지사가 좀 억울했을 것 같기도 하다.

하지만 같은 말이라도 좀 더 상냥하고 친절하게 했으면 어땠을까 하는 생각이 앞서는 건 어쩔 수 없다. 특히 '관등성명을 대라'라고 말할 수 있는 입장으로 살아온 시간보다 '관등성명을 대야' 하는 입장으로 살아온 시간이 압도적으로 더 긴 사람들이 태반인 상황에서, 그의 권위적인 말투는 거슬릴 수밖에 없었을 것이다.

지친 이들에게 잠시나마 활력을 ————

그날 도지사의 전화를 받은 대원은 어떤 심정이었을까? 아마도 저승사자를 만난 것 같은 기분 아니었을까? 결국 그날 도지사의 깜짝 등장은 도지사 자신과 대원 모두에게 잊고 싶은 최악의 기억으로 남았을 것이다.

그러나 리더의 예외적인 행동이 조직에 큰 활력을 불어

문재인의 말하기

넣고, 매력적인 소통의 도구로 기능하는 경우도 분명 존재한다. 물론 그렇게 되려면 사전에 치밀하게 대상과 상황을 고려해야 한다. 그렇지 않으면 놀람 대신 짜증만 유발해, 상대와 더 멀어지는 결과를 낳을 수밖에 없다.

문재인 대통령 역시 소위 말하는 '서프라이즈'를 하곤 한다. 아주 평범하지만 재미있게 말이다.

2017년 추석을 앞둔 어느 날, TBS 교통방송에서 익숙한 목소리가 들려왔다.

즐거운 고향 가는 길 교통정보입니다. 지난 주말부터 추석 연휴가 시작되었습니다.

연휴 3일째인 오늘부터 귀성 차량이 본격적으로 증가할 것으로 보이는데요, 이 시간 현재 가장 밀리는 고속도로는 역시 경부고속도로입니다. 부산 방향으로 서울요금소 이전부터 총 30여km 구간이 정체되고 있습니다.

(…) 또 이번 추석 명절 기간에는 고속도로 통행료가 면제가 되는데요, 10월 3일 화요일 0시부터 10월 5일 목요일 자정까지 3일 동안 한국도로공사에서 관

할하는 주요 고속도로를 포함해서 전국 17개 민자 고속도로를 통행료 없이 이용할 수 있습니다. 참고하시기 바랍니다.

문재인 대통령이었다. 귀경을 앞둔 시민들을 위해 일일 통신원으로 출연했던 것이다. 그는 전화로 귀성길 교통 상황을 전달하며 운전자들에게 안전 운전을 당부했다.

고속도로 정체에 점점 커져가는 짜증을 잠시나마 달랠수 있을 만한, 즐거운 서프라이즈 선물이었다. 누구도 불쾌하지 않고, 누구도 상처받지 않을 이 깜짝 등장으로 인해 많은 사람들이 대통령을 한층 더 인간적이고 친밀하게 느끼게 됐음은 물론이다.

맥락 있는 서프라이즈의 힘 ————

대통령의 깜짝 선물은 여기에서 끝나지 않았다. 일일 통신원이 되고 얼마 지나지 않은 2017년 10월 25일. 그날은 대망의 한국시리즈 1차전이 열리는 날이었다. 당시 한국시리즈에는 기아 타이거즈와 두산 베어스가 올라와 있었고, 1차전은 광주기아챔피언스필드에서 열렸다.

이날 문재인 대통령은 한국 야구 국가대표팀의 파란색 점퍼를 입은 채 마운드에 올랐다. 이를 현장에서 직접 본 관중들도, TV로 지켜본 야구팬들도 놀라긴 마찬가지. 문재인 대통령은 뜨거운 함성 속에서 깜짝 시구를 마친 후, 관중석으로 돌아가 김정숙 여사와 함께 치킨을 먹으며 즐겁게 경기를 관람해 큰 화제가 됐다.

물론 우리나라 대통령 가운데 시구자로 나선 이가 문재인 대통령만 있었던 것은 아니다. 그러나 그의 시구에는 특별한 이야기가 숨어 있었다.

MLB 파크 회원 여러분, 안녕하세요?

여러분과 마찬가지로 저 역시 야구 마니아고, 그래서 가입은 했었지만 그동안 바쁜 일정을 소화하느라 제대로 인사를 못 드렸습니다. 여러분께서 저 문재인에게 큰 관심과 응원을 보내주신다는 이야기 들었습니다. 진심으로 감사드립니다.

처음으로 제 자랑을 해봅니다만, 저도 '동네야구 4

번 타자'였습니다. 야구 명문 경남중·고를 다녔고, 야
구 해설가 허구연, 김용희, 국민 4번타자 이대호, 롯
데 에이스 송승준 선수 등이 동문 선후배들입니다.
경희대 재학 중에는 교내 학년 대항 야구대회에서 주
장을 맡아 팀을 우승으로 이끌기도 했습니다.

　변호사 시절, 지금은 고인이 된 전설의 투수 '최동
원' 선수가 선수 권리를 위해 선수협의회 구성을 외
치다 구단 눈 밖에 나서 힘겨운 시간을 보낼 때 미력
하게나마 법률적 도움을 드리기도 했지요. 이 정도면
저 문재인 MLB 파크 회원 자격 있지 않습니까?

　특권과 반칙이 통하지 않는 상식적인 정치 꼭 만
들겠습니다. 역전 만루홈런처럼 시원한 감동 드리는
새 정치, 정권 교체로 꼭 실현하겠습니다. 감사합니다.

— MLB 파크에 올라온 게시물
'동네야구 4번 타자 문재인 인사드립니다' (2012.12.9.)

　국내 최대의 야구 커뮤니티에 2012년 대선 후보 시절
문재인 대통령이 직접 올렸던 글이다. 야구와 자신의 떼려
야 뗄 수 없는 인연을 소개하면서, 지지 호소도 잊지 않는

　　　　　　　　　　　　　　　　　문재인의 말하기

특권과 반칙이 통하지 않는 상식적인 정치 꼭 만들겠습니다.
역전 만루홈런처럼 시원한 감동 드리는
새 정치, 정권 교체로 꼭 실현하겠습니다.

다(앞서 설명했던 문재인 대통령 특유의 말하기 비법, 즉 자기 이야기와 질문 기법이 여기에서도 사용된 걸 알 수 있다). 이 글 자체가 MLB 파크 유저들에게는 깜짝 선물이 되었을 것이다.

그런데 이게 끝이 아니다. 2017년 19대 대선 때 문재인 후보 공식 블로그에는 다음과 같은 내용의 게시글이 올라왔다.

> 세계 최초 '투표참여리그'가 개막되었습니다.
> 좋아하는 야구팀 응원도 하고,
> 투표 다짐과 인증도 하고~
> 우리 팀이 1등 하면 문재인 생애 첫 시구가
> 될지도 모른다는 사실^^

자신이 응원하는 프로야구팀에 투표하고 대선 투표에 참여하겠다는 다짐 인증을 하는 이벤트였다. 문재인 캠프에서는 여기서 1등을 한 프로야구팀의 경기에 문재인 대통령이 나서서 시구를 하겠다는 공약을 내걸었다. 이때 1등을 한 팀이 기아 타이거즈였는데 마침 기아 타이거즈가 한국시리즈에 올랐고, 그래서 한국시리즈 1차전에 문재인 대통령이 깜짝 등장해 시구 공약을 지켰던 것이었다.

그날 문재인 대통령이 마운드에서 악수를 나누며 꽤 긴 시간 동안 이야기를 주고받았던 최수원 주심은 고故 최동원 선수의 동생이었다. 앞서 문재인 대통령이 MLB 파크에 올린 글에서도 알 수 있듯이, 최동원 선수는 문재인 대통령과 각별한 인연이 있다. 이날의 시구는 여러 가지 면에서 특별한 이벤트였던 셈이다.

이렇듯 '맥락 있는' 깜짝 등장은 멋진 '스토리텔링'이 될 수 있다. 그래서 수많은 이야기를 남기며 이를 지켜본 사람들에게 즐거운 기억을 선사할 수 있는 것이다.

예외적인 행동으로 분위기를 반전시키고 사람들에게 기쁨을 주고 싶다면, 이 점을 명심해야 할 것이다. 그렇지 않으면, 자칫 사람들에게 불쾌함만을 남기고 오히려 소통이 단절되는 참사를 불러올지 모른다.

5장

그의 말을
들으면
그가
좋아진다

아부도
이 정도면 예술

'아부'라고 하면 어떤 이미지가 떠오르는가? 일반적으로, 부정적인 느낌이 먼저 들게 마련이다. 그도 그럴 것이, 바라는 것 없이 하는 '칭찬'과 달리 아부는 무언가 상대방으로부터 이득을 취할 것을 염두에 두고 상대방을 높여주는 것이기 때문이다. 그래서 사람들은 보통 아부에 능한 이들을 두고 '간도 쓸개도 없다'며 비아냥거리곤 한다.

그러나 살다 보면 아부하는 사람에게도 나름대로 속사정이 있다는 사실을 깨닫는 순간이 온다. 바로 나 아닌 누군가를 책임져야 하는 위치에 올랐을 때다. 내가 아부하지 않아서, 아무 눈치도 보지 않고 내 식대로 해서, 그로 인해 돌아오는 불이익을 온전히 나 혼자 감당해야 한다면? 그런 거라면 차라리 참을 만하다. 그러나 내가 자존심을 세운 결과, 나의 가족들이나 조직원들이 피해를 봐야 한다면? 조금 자존심이 상하더라도 상대방에게 아부를 해서 나의 사람들에게 피해가 없도록 하는 것이 정말 리더가 취해야 할 행동 아닐까?

일단 공통 분모를 찾아라 ————

문재인 대통령의 실제 성격이 어떤지는 잘 모르겠지만, 최소한 그와 '아부'라는 말이 잘 어울리지 않는다는 것에는 별로 이견이 없을 것이라 믿는다. 그런데 예상을 깨는 일이 있으니, 실은 그가 아부를 꽤 자주 한다는 것이다. 그것도 매우 잘한다.

문재인 대통령은 평창올림픽을 앞두고 동방경제포럼에 참가하기 위해 러시아로 향했다. 그곳에서 그는 러시아의 푸틴 대통령을 평창올림픽에 초대하려고 나선다.

푸틴 대통령님, 동방경제포럼에 초대해주셔서 감사합니다. 이 중요한 행사에 참석하게 되어 아주 기쁩니다.

(…) 러시아 극동 지역 최대 항구도시인 블라디보스토크를 처음 방문했습니다. 아주 정겹게 느껴집니다. 바다와 어울리는 풍광과 항구에서 올려다본 언덕 위의 집들은 내 고향 한국의 '부산'을 떠올리게 합니다.

지금도 부산 감천항에 가면 러시아 배가 수산물을 싣고 들어옵니다. 부산역 앞에 가면 러시아어 간판들을 흔하게 볼 수 있고, 러시아빵 흘렙과 발효 요구르트 께피르를 맛볼 수 있습니다.

— 동방경제포럼 기조연설 (2017.9.7.)

처음부터 초대의 뜻을 비치는 것은 왠지 좀 명분도 없고 쑥스럽다. 그렇다고 다짜고짜 아부의 말부터 퍼붓는 것도 하수나 하는 짓이다. 먼저 문재인 대통령은 자신의 전매특허라고 할 수 있는 말하기 기술, 즉 '상대방과 나의 공통점 찾기'로 말문을 연다. 앞서 설명했지만, 상대방에 대한 나의 관심, '나와 당신이 서로 다르지 않다'는 인식을 심어주며 상대방을 무장해제시키는 데 제격인 기술이다.

더구나 그는 단순히 '부산 감천항에 가면 러시아 배가 수산물을 싣고 들어' 온다는 정도로 공통점을 이야기하지 않는다. '러시아빵 흘렙과 발효 요구르트 께피르'까지 등장시키는 디테일을 발휘하고 있는 것이다. 이렇게 구체적인 사물이 등장함으로써 그의 말은 견고한 신뢰성을 확보하게 된다.

기왕이면 구체적이고 디테일하게 ————

푸틴 대통령님, 내외 귀빈 여러분.

이곳 극동 지역은 러시아인과 한국인이 이미 오래전부터 서로 협력했던 곳입니다. 이곳은 러시아의 선조들이 개척했고 한국의 선조들이 찾아와 함께 살아온 터전입니다. 동토였던 이곳은 러시아인의 땀과 한국인의 땀이 함께 떨어져 따뜻한 땅으로 변했습니다.

이곳에 오면서 울창한 숲과 꿈틀거리는 대지를 보

이곳은 러시아의 선조들이 개척했고
한국의 선조들이 찾아와 함께 살아온 터전입니다.
동토였던 이곳은 러시아인의 땀과
한국인의 땀이 함께 떨어져 따뜻한 땅으로 변했습니다.

았습니다. 시베리아에서 한반도의 백두산까지 넘나
들었던 호랑이를 떠올렸습니다.

오래전부터 한국인들은 호랑이를 영물로 여기며
아주 좋아합니다. 푸틴 대통령님도 기상이 시베리아
호랑이를 닮았다고 합니다. 저의 이름 문재인의 '인'
자도 호랑이를 뜻합니다.

우리는 호랑이의 용기와 기상이라는 공통점을 갖
고 있습니다. 그런 마음으로 극동 지역 발전에 나선
다면 안 될 일이 없지 않겠습니까?

— 동방경제포럼 기조연설 (2017.9.7.)

이제 푸틴 대통령의 평창 초청을 위한 본격적인 아부 작
전에 돌입했다. "푸틴 대통령님도 기상이 시베리아 호랑이
를 닮았다"고 한 후, 군이 자신과의 공통점을 찾아 "저의 이
름 문재인의 '인'자도 호랑이를 뜻"한다고 말한다. 이런 연
결 짓기에는 살짝 무리가 있어 보이지만, '호랑이'라는 공통
분모를 찾아내기 위해 머리를 짜내고 짜냈을 문재인 대통
령과 참모진들의 노력을 생각하며 귀엽게 넘어가기로 한다.

푸틴 대통령은 거칠고 남성적인 지도자다. 인권 문제 등

을 고려하면, 그는 문재인 대통령과 썩 어울리는 정치 지도 자는 아니다(트럼프 대통령, 김정은 위원장도 마찬가지). 그러나 대통령은 공적인 자리다. 그것도 수천만 명의 생사여탈권 을 쥐고 흔들 수 있는 책임감 막중한 자리다. 그런 자리에 있는 사람은 당연히 사회적인 가면을 써야 한다. 자기 자신 을 위해서? 천만의 말씀이다. 국민을 위해서다. 자기 자신 만 생각한다면 아쉬운 소리를 할 이유가 무엇이겠는가.

그는 푸틴 대통령이라는 인물 개인을 높이 산 후, 곧바 로 "그런 마음으로 극동 지역 발전에 나선다면 안 될 일이 없지 않겠습니까?"라는 말로 자신이 기대하는 바를 살며시 상대방에게 드러내며 무언의 동의를 구한다. 앞서 설명한, 이른바 '좋은 질문'이 또 등장한 것이다.

러시아와 한국은 시베리아 호랑이로 상징되는 인 연뿐 아니라, 이 지역 곳곳의 삶에서도 연결되어 있 습니다.
러시아의 대문호 도스토예프스키, 톨스토이와 함 께 극동과 사할린을 문학에 담아낸 러시아 작가 안톤 체호프를 한국인은 매우 사랑합니다.

이곳은 한국문학의 중요한 공간이기도 합니다. 한국의 근대소설가 이광수의 작품 〈유정〉은 시베리아와 바이칼 호수를 배경으로 하고 있습니다. 작가 조명희는 연해주에서 살면서 이곳의 삶을 소설로 썼습니다. 그의 문학비가 지금 극동연방대학 악사코브스카야박물관(과학박물관) 앞에 서 있습니다.

이러한 사실만으로도 나는 오래되고도 깊은 양국의 관계를 느낄 수 있습니다. 우리는 극동 지역에서 함께 도우며 살아간 공통의 추억과 경험이 있습니다. 그 추억이 앞으로도 함께 살아갈 힘이 될 것입니다. 그 경험이 더 큰 발전을 이끌어낼 기반이 될 것입니다.

— 동방경제포럼 기조연설 (2017.9.7.)

이즈음에서 문재인 대통령은 러시아인들이 가장 자랑스러워하는 것들 가운데 하나인 대문호 이야기를 꺼낸다. 단순히 추켜세우는 것을 넘어 그들을 "한국인은 매우 사랑합니다"라는 말로 제대로 '아부를 한다.' 다소 낯간지럽기도 하지만, "사랑합니다"와 같은 감정적이고 우호적인 표현은 상대방의 호응을 이끌어내는 데 더할 나위 없이 좋은 도구다.

문재인의 말하기

이처럼 문재인 대통령은 푸틴 대통령 개인을 높이는 것에서 한발 더 나아가 러시아라는 국가 자체를 세워주는 고난도의 아부 전략을 구사했다. 단순히 '당신은 잘난 사람'이라고 말하는 것이 아니라, 아부의 근거를 구체적이고 상세하게 제시함으로써 아부의 질을 높였다(!). 이 정도면 아부도 예술의 경지에 이르렀다고 보아야 한다.

정중하게 유혹하기 ————

내년 2월 한국의 평창에서 동계올림픽이 개최됩니다. 전통적으로 동계스포츠의 강국이고 직전 소치 동계올림픽을 주최한 러시아 국민들이 한국을 더 많이 찾아주시길 희망합니다.

푸틴 대통령님도 평소 스키와 아이스하키를 좋아하고 즐기시는 것으로 알고 있습니다. 평창에 와주시면 자연스럽게 한·러 연례 정상회담이 복원될 것입니다.

동계올림픽을 연이어 주최한 호스트 국가들로서

전 세계에 평화와 희망의 메시지를 함께 보낼 수 있는 귀중한 기회가 될 수 있을 것입니다.

감사합니다.

— 동방경제포럼 기조연설(2017.9.7.)

연설의 마지막에 이르러서야, 문재인 대통령은 드디어 정말 하고 싶었던 이야기를 꺼낸다. 평창올림픽에 푸틴 대통령이 방문해주길 바란다는 것. 그냥 와달라고 조르는 것이 아니다. "푸틴 대통령님도 평소 스키와 아이스하키를 좋아하고 즐기시는 것으로 알고 있"다고 말하며, '우리가 준비해둔 것이 당신의 취미와 취향에 맞을 것'이라는 신호를 보낸다. 매우 정중한 유혹이다.

전혀 매달리는 느낌도, 강압적인 느낌도 들지 않지만, 이런 초대를 받으면 미안해서라도 가지 않을 수 없을 것 같다. 이 아부가 멋진 이유는 상대방에 대한 관심이 오롯이 담겨 있기 때문이다. 상대방이 무엇을 좋아하는지, 상대국이 어떤 역사와 문화를 갖고 있는지 사전에 자세히 공부하지 않았다면 몰랐을 디테일들이 살아 숨쉬기 때문이다. 이 정도 아부라면 인정해줘도 되지 않을까?

문재인의 말하기

모두 알다시피, 국제올림픽위원회IOC가 국가 주도의 도핑 의혹에 휩싸인 러시아 선수단의 평창올림픽 출전을 불허하는 바람에, 러시아 선수들은 국가 이름을 내걸고 출전하지 못하게 됐으며 이에 따라 푸틴 대통령의 방한 역시 불발되고 말았다. 하지만 자신을 초대하기 위해 끝까지 애썼던 문재인 대통령의 말들을 그가 잊진 않았을 것이다. 한 나라를 이끌고 있는 리더가 보여준 책임감 있는 아부, 그 말들은 분명 그런 것이었다.

가벼운 한마디의
묵직한 효과

太上, 不知有之(태상, 부지유지)

　노자의 《도덕경道德經》에 나오는 문장이다. '태평한 세상
이란, 도가 있는지조차 알 수 없는 세상'이라는 의미다. 이
는 현대에 이르러 이런 의미로도 읽힐 수 있다. 즉, 최고의
리더란 존재하는지조차 느껴지지 않을 만큼 한 발짝 물러
서 있는 자연스러운 존재라는 것.

　이제는 권위적인 리더, 부하에게 일일이 간섭하고 사소
한 것까지 정해주는 리더가 인정받기 어렵다. 다원화된 사
회의 요구를 모두 읽어내고 늘 최고의 결과를 내기란 불가

　　　　　　　　　　　　　　　　　　　　문재인의 말하기

능한 시대가 되었기 때문이다. 게다가 민주적인 분위기에서 자라온 세대들에게 강력한 카리스마를 뿜어내며 '나만옳다'고 말하는 리더는 가급적 피하고 싶은 존재일 수밖에 없을 것이다.

이런 점에서 문재인은 시대가 원하는 리더의 표본이라고 할 수 있다. 이는 평상시 그가 가볍게 주고받는 말에서도 여실히 드러난다.

농담으로 배려하기 ————

새 정부가 들어선 지 얼마 되지 않았을 때의 일이다. 청와대 여민관에서 수석보좌관회의가 열렸다. 이날 임종석 비서실장이 지각을 했는데, 공교롭게도 그 상황이 화면에 담겨 대중에게 공개가 됐다.

회의 시작 전, 참석자들은 서로 인사를 나누며 현안에 대해 이야기하고 있었다. 문재인 대통령 역시 회의 시간 이전에 도착해 자신의 커피를 직접 따라 마시며 자리로 향했다. 자리가 어느 정도 채워진 상황에서, 임종석 비서실장이 보이질 않았다. 비서실장의 자리는 대통령 바로 옆으로, 일종의 고정석이기에 눈에 띄지 않을 수가 없었다.

옆자리를 가리키며 어리둥절해하는 문재인 대통령에게 누군가가 "공석입니다"라고 말했다. 미소를 짓는 문재인 대통령 옆으로 임종석 비서실장이 허겁지겁 자리를 찾아왔다. 이를 본 누군가가 "잘릴 뻔했어!"라며 농담을 던졌다. 이 말에 "허허" 하며 웃던 문재인 대통령도 뒤질세라 비서실장에게 한마디를 한다.

> "이 자리를 넘보는 사람들이 많았어요."

그 말에 웃음꽃이 피어났던 것은 물론이다. 회의 시작과 함께 자연스럽게 '아이스브레이킹icebreaking(처음 만났을 때, 어색하고 차가운 분위기를 깨뜨리는 것)'이 된 순간이었다.

이 장면이 인상적이었던 것은 문재인 대통령 역시 회의의 한 참여자로서 기능할 뿐 다른 참여자들 위에 군림하고 있지 않음을 상징적으로 보여주었기 때문이다. 일반적인 회사에서였다면 "다른 사람들이 다 기다리는데, 이렇게 늦게 와도 됩니까?"라고 한마디 나왔을 법한 상황이었는데

문재인의 말하기

말이다. 문재인 대통령은 비서실장이 늦게 왔다고 해서 인상을 쓰지도, 왜 늦은 거냐며 타박을 하지도 않았다. 표정을 보건대 결코 일부러 못마땅한 감정을 참는 것이 아니었다. 그저 이런 일도 있을 수 있다는 듯, 그의 웃음은 여유롭고 푸근했다.

여기에 적절한 농담을 한마디 던짐으로써, 비서실장이 민망해하지 않게끔 배려하는 동시에 전체적인 회의 분위기까지 화기애애하게 끌어올렸다. 아마 이날의 회의에서는 아주 생산적인 이야기들이 오갔을 것이다. 윗사람이 군림하지 않고 자유롭고 민주적으로 아랫사람을 대할 때, 서로 눈치 보지 않고 자유롭게 토론할 수 있는 건 당연지사이니까. 그때 문재인 대통령은 가볍게 한마디를 던졌지만, 그 효과는 결코 가볍지 않았다.

조직원들의 사기를 높이려면 ————

임종석 비서실장의 얼굴을 환하게 만들었던 문재인 대통령의 또 다른 한마디는 2017년 첫 한미정상회담을 위해 워싱턴으로 향하는 비행기 안에서 들려왔다.

당시 문재인 대통령은 기자들과 비행기 복도에서 '기내 간담회'를 진행하고 있었다. 갑작스레 난기류가 발생해 비행기가 심하게 흔들리는 상황 속에서 답변을 계속하던 문재인 대통령은 국민소통수석과 경호실장이 간담회를 중단하고 자리에 앉아야 한다고 말하자 이야기를 마치려고 했다. 이때 한 청와대 출입기자가 "휴가 계획을 짧게 얘기해주시고 끝내시죠"라며 마무리 질문을 던졌다.

"아직 언제 간다는 계획을 세우진 않았는데…."

침울한 분위기가 기내를 감싸는 순간, 문재인 대통령이 다시 입을 뗐다.

"하여간 저는 연차 휴가는 다 사용할 계획입니다."

그 말이 떨어지기가 무섭게, 기내는 "와!" "우와!!" "짝짝짝!!!" 하는 환호와 박수 소리로 가득 찼다.

모르긴 몰라도, 청와대 역시 일종의 직장 아니겠는가. 조

문재인의 말하기

직의 수장이 휴가를 제대로 쓰지 않을 경우, 아랫사람들은 눈치를 볼 수밖에 없다. 이 점을 문재인 대통령이 모르지 않았을 터. 그러니 당장 세워둔 휴가 계획은 없지만 어쨌든 꼭 쓰긴 쓸 테니, 내 눈치 보지 말고 당신들도 마음껏 휴가를 쓰라는 제스처로 그런 말을 한 것이다.

이 말 한마디로 청와대 조직원들의 사기가 얼마나 올랐을지 짐작하고도 남는다. 아울러 뉴스를 통해 대통령의 이 말을 들은 모든 직장인들이 얼마나 속으로 쾌재를 불렀을지도. 조직 분위기가 침체됐다고 투덜대는 리더라면 유념할 일이다. 조직원들을 사기 충천하게 하는 방법, 하나도 어렵지 않다.

조금 다르지만 비슷한 장면은 또 다른 곳에서도 목격된다. 정부는 2018년 5월 서울 마곡 연구개발 단지에서 '2018 대한민국 혁신 성장 보고대회'를 열었는데, 이 자리에 문재인 대통령은 물론 경제부총리, 국토교통부장관 등 수많은 행정부 수반과 민간 기업 관계자 등이 참석했다. 이날 문재인 대통령은 공개적인 자리임에도 "혁신 성장에 성과와 비전이 보이지 않는다"면서 관련 부처를 강하게 질타했다. 아마 관련 부서 수장들이 진땀깨나 흘렸을 것이다.

반면 중소기업이 참여하여 다양한 신기술을 선보인 부스들을 둘러볼 때는 해당 기업 관계자들에게 아낌없는 격려와 칭찬을 보내기도 했다. 특히 대한민국의 혁신적인 성장 원동력이 될 만한 원천기술에 대해 관심 있게 지켜보았는데, 그중 드론 기술에 집중할 때였다.

관계자의 설명이 끝나자, 갑자기 주무 부처인 국토교통부 김현미 장관이 마이크를 들고 "이런 사업용 시장을 만들어주기 위해서는 맨 먼저 지방자치단체나 공공 부문에서 이걸 많이 구입해줘야 합니다. 그래야 시장이 형성되고요. 저희가 공공 부문에서 쓸 드론의 마중물이 될 수 있는 구입 예산, 그게 좀 필요합니다"라고 말했다. 한마디로 '돈 달라'는 이야기였다.

문재인 대통령은 미소를 지은 채 그 말을 가만히 듣기만 했다. 얼마 후 이번에는 야외로 자리를 옮겨 드론으로 커피를 배달하는 시연을 보게 되었다. 그런데 이때도 국토교통부 장관의 집요한 예산 요청은 계속되었다. 그 말을 집중해서 듣던 문재인 대통령은 갑자기 누군가를 찾았다. 그러고는 이렇게 말한다.

"(경제)부총리님, 듣고 계십니까?"

주위에서 웃음이 터지자, 문재인 대통령은 국토교통부 장관에게 웃으며 이야기한다.

"(경제)부총리님 계시는 곳에다 말씀하세요."

그 상황을 센스 있게 모면하는 문재인 대통령의 기지가 빛나는 장면이다. 그런데 그냥 웃고 넘길 수 있는 이 모습이 나는 아주 특별해 보였다.

그는 대통령이다. 얼마든지 "네, 알겠습니다"라고 할 수 있는 위치다. 그렇게 말하고 나서 추후 예산을 검토해보니 진행하기 어렵겠다고 한들, 뭐라 할 사람은 아무도 없다. 아마 다른 대통령이었다면 알겠다고 하고 그 순간을 넘겼을 것이다.

그러나 그는 말을 아꼈다. 공개된 자리에서 대통령에게 직접 요청을 한 국토교통부 장관의 간절한 마음을 살짝 외면한 채, 문재인 대통령은 부드러우면서도 단호하게 거절했다. 자신의 권한이 아니라고 말이다.

이런 모습은 자신의 위치는 물론 자신이 해야 할 일과 하지 말아야 할 일을 정확히 인식하고, 순간적으로 어떻게 해야 할지를 판단할 수 있었기에 나올 수 있었을 것이다. 리더는 부하가 하는 일에 책임을 지는 사람이지, 부하의 일을 대신해주는 사람이 아니다. 아무리 대통령이라도 아랫사람의 권한까지 함부로 침범해선 안 된다. 아랫사람이 해야 할 의사결정까지 자신이 직접 하려고 나서는 일은 더욱 있을 수 없다. 그것은 리더의 자격이 없는 사람이나 하는 행동이다.

우리가 주목해야 할 부분은, 그가 이런 이야기를 구구절절 해가며 장관을 가르치려 들지 않았다는 점이다. 만약 그랬다면 순간적으로 현장의 분위기는 차갑게 가라앉았을 것이고, 다음부터 장관은 대통령에게 허심탄회하게 속내를 밝히기 어려웠을 것이다.

그러나 문재인 대통령은 모두가 웃으며 넘어갈 수 있도록, 농담을 가장해 아주 가볍게 자신의 의사를 전달했다. 이로써 그 말을 듣는 장관도 무안해지지 않았고, 옆에서 지켜보는 다른 사람들도 민망해지지 않았다. 오히려 전반적인 분위기는 더 유쾌해졌다.

아마 이 말을 들은 경제부총리를 비롯한 행정부의 모든 인원들은 자신의 업무와 권한을 더 막중하게 인식하게 되었을 것이다. 그리고 이를 존중해주는 문재인 대통령을 더 신뢰하게 되었을 것이다.

불편한 분위기 반전시키기 ————

> 이제 건배사를 제의하겠습니다. 내가 오래 전부터 이루지 못한 꿈이 있는데 바로 백두산과 개마고원을 트레킹하는 것입니다. 김정은 위원장이 그 소원을 꼭 들어주시리라고 믿습니다.
>
> 내가 퇴임하면 백두산과 개마고원 여행권 한 장 보내주지 않겠습니까? 하지만 나에게만 주어지는 특혜가 아니라 우리 민족 누구에게나 그런 날이 오기를 기원합니다.
>
> — 문재인 대통령 만찬 환영사 (2018.4.27.)

남북정상회담 이후 어느 정도 긴장이 풀린 만찬회장에

내가 퇴임하면 백두산과 개마고원 여행권 한 장
보내주지 않겠습니까?
하지만 나에게만 주어지는 특혜가 아니라
우리 민족 누구에게나 그런 날이 오기를 기원합니다.

서 문재인 대통령은 이와 같은 환영사를 했다. "백두산과 개마고원 여행권 한 장 보내"달라는, 농담 반 진담 반의 친근한 부탁을 건넨 것이다. 자리의 성격에 맞게 너무 무겁지 않으면서, 분위기를 환기시킬 만한 적절한 언급이었다. 이어지는 건배사로, 그는 "남과 북이 자유롭게 오갈 수 있는 그날을 위하여!"를 제의했다. 그 자리에서 이 말을 들은 이들은 만면에 미소를 머금었다.

편하지 않은 분위기를 조금이라도 반전시키고 싶다면, 이렇게 과하지 않은 수준의 부탁의 말을 건네는 것도 방법이다. 그 부탁이, 상대방이 자부심을 가지고 있는 부분을 건드리는 것이면 더 좋다.

언제나 가벼운 말을 입에 달고 사는 사람은 쉽사리 신뢰를 획득하기 어렵다. 그러나 평소 진중한 언행을 보여주는 사람이, 모두가 불편할 수 있는 상황에 던지는 지극히 가벼운 말 한마디는 그 어떤 진지한 이야기보다 강력한 힘을 지닌다. 심각한 주제로 대화를 나눠야 할 때, 결코 잊어선 안 되는 말의 법칙이다.

자랑하고도
욕먹지 않는 법

앞서 문재인 대통령이 질문을 통해 은근히 자기 자랑을 한다는 사실을 언급한 바 있다. 이번에는 질문법 외에, 문재인 대통령이 어떻게 세련되게 자기 자랑을 하는지 그 비법을 좀 더 들여다보고자 한다.

2018년 6월 4일, 미국 트럼프 대통령은 취임 500일을 맞아 자신의 트위터에 다음과 같은 글을 올렸다.

"취임한 지 500일이 됐다. 우리는 역대 어느 대통령들보다 취임 500일 안에 많은 일을 성취해냈다. 많은 이들이 그렇게 믿고 있다. 대규모 세금 삭감 및 규

문재인의 말하기

제 철폐가 이루어졌고, 범죄와 불법 이민은 감소했으며, 국경은 강화됐고, 경제 및 고용 시장은 활성화됐다. 그 밖에도 업적은 많다."

엄청난 자화자찬이다. 실제 관련 지표가 어떤지는 따져볼 일이지만, 만약 이 말이 사실이라 해도 이렇게 노골적으로 해대는 자기 자랑에는 거부감이 들 수밖에 없다.

물론 트럼프 대통령은 이렇게 대놓고 자기 자랑을 하는 것이 너무나 어울리는 캐릭터다. 이런 모습 때문에 그에 열광하는 지지자와 그를 못마땅해하는 반대 세력이 존재하는 것이리라.

하지만 트럼프 대통령이 아닌 일반인들이라면 어떨까. 이 정도로 자기 자랑을 하는 사람이 곱게 보일까? '또 잘난 척 시작이네' 하는 아니꼬운 마음이 드는 게 인지상정 아닐까?

자기 자랑은 유체이탈 화법으로 ————

내 공적을 꼭 누가 알아줘야 하는 건 아니지만, 사실 내

입으로 이야기하지 않으면 그냥 아무도 모르고 지나가는 일이 너무 많다. 그게 꼭 점잖은 사람, 겸손한 사람의 미덕은 아니다.

때로는 내가 해낸 일에 대해 남에게 정확히 알릴 필요가 있다. 그렇지 않으면 불필요한 오해를 살 수도 있다. 나 아니면 누가 나에게 관심을 가져주겠는가. 나에 대한 인정은 나 스스로 획득해야 한다.

그렇다면 어떻게 해야 다른 사람들이 눈살 찌푸리지 않는 선에서 세련되게 자기 자랑을 할 수 있을까? 다음은 자기 자랑과 거리가 멀어도 한참 멀 것 같은 문재인 대통령의 말이다.

여러분에게 꼭 들려주고 싶은 이야기가 있습니다. 대만의 열아홉 살 청소년 짜오츠 군의 이야기입니다. 열 살 때 평창에서, 태어나서 처음으로 겨울을 경험한 짜오츠는 피겨에 푹 빠지게 되었고, 지금은 세계 랭킹 13위의 유망주가 되었습니다. 짜오츠는 '평창이 삶의 전환점이었다'고 말하고 있습니다.

평창은 그동안 동계스포츠를 접하기 어려운 나라

의 청소년을 초청했습니다. 이들을 위해 진행해온 '드림 프로그램'의 결실입니다. 내전의 고통 속에 있는 시리아를 비롯해, 세계 75개국 1,500여 명의 청소년들이 평창의 눈밭에서 우정을 나눴습니다.

(…) 저는 이 소중한 프로그램이 평창의 유산으로 남아 동계올림픽의 전통으로 이어져야 한다고 생각하는데, 여러분도 동의하십니까?

— '평화올림픽을 위한 메트로폴리탄 평창의 밤' 대통령 연설
(2017.9.21.)

2017년 9월 유엔총회에 참석하기 위해 뉴욕을 방문 중이던 문재인 대통령은 뉴욕 메트로폴리탄 박물관에서 열린 '평화올림픽을 위한 메트로폴리탄 평창의 밤' 행사에 참석해 평창올림픽 홍보에 총력을 다한다. 그는 "기대해도 좋다. 세상에서 가장 열정적이고 창의적인 사람들을 만나게 될 것"이라면서 세계인을 상대로 연설을 시작했다.

여러분이라면 평창올림픽을 어떻게 홍보했겠는가. 아마 십중팔구는 평창의 아름다운 자연이라든지 올림픽 경기가 치러질 경기장의 위용, 각국 선수단에게 제공될 최상의 서

비스 등을 들고 나올 것이다. 그런데 이런 이야기는 그저 과시적이다. 게다가 좀 구태의연하다. 누구나 할 수 있는 말이 아닌가.

대신 문재인 대통령은 올림픽의 본질에 집중해 홍보 내지 자기 자랑을 시작한다. 올림픽의 본질은 '세계인의 화합'이다. 그는 올림픽이라는 목표가 있을 때 사람이 얼마만큼 변화할 수 있는지를 간접적으로 말해주면서, 이를 위해 평창이 어떤 노력을 기울였는지 설명한다. 그러고는 평창의 노력에 당신도 참여해달라고, 그래서 평창을 통해 화합을 이뤄보자고 이야기한다. 구구절절 말하는 대신 한 소년의 이야기로 세련되게 스토리텔링을 하면서.

말만 들었을 때는 전혀 자랑으로 느껴지지 않는다. 그러나 말의 내용을 살펴보면 분명히 자랑이다. 문재인 대통령은 이 자리에서 자신이 말하지 않았다면 사람들은 잘 몰랐을 존재, 즉 평창이 동계스포츠를 접하기 어려운 나라의 청소년들을 초청해 도움을 준 '드림 프로그램'에 대해 설명했으며, 그것이 한 소년의 인생을 바꿀 만큼 큰 성과를 거두었다는 사실을 밝혔다.

이 이야기가 왜 자랑으로 들리지 않을까? 비밀은 바로

문재인의 말하기

'주어'에 있다. 문재인 대통령은 "제가 이렇게 했습니다"라고 말하지 않는다. 자랑을 할 때는 꼭 "우리가 이렇게 했습니다"라고 하거나 제삼자가 그렇게 말했다는 식으로 한다. 그러다 보니 마치 '나와 상관없는 남의 업적을 내가 대신 칭찬하고 널리 알리는 것'이란 뉘앙스를 풍긴다.

간접적인 자기 자랑의 힘 ————

자기 자랑에 관해 내가 들었던 이야기 중에 가장 기억에 남는 것이 있다. 나는 이보다 센스 있는 자기 자랑의 달인 이야기를 들어본 적이 없다.

작사가인 이 자기 자랑의 달인이 한번은 지인들 모임에 자신의 후배를 데리고 갔다고 한다. 그 후배는 누구나 들으면 알 만한 흥행작을 연출한 유명 영화감독이었다. 모임에 도착하자 다들 "이 친구 누구야?"라고 지인들이 물었다. 그러자 이 자랑의 달인은 곧바로 영화감독이라고 소개하지 않고, 이렇게 말한다.

"응, 세상에서 제일 잘난 놈이야. 잘생겼는데 겸손해. 그리고 영화도 잘 만들어. 다들 이 영화 알지? ○○○○○."

이쯤 되면 지인들 모두 그 잘난 후배와 이 사람이 어떤 사이이기에 모임에까지 함께 왔는지 궁금증이 생길 법하다. 때마침 누군가가 "그런데 어떻게 아는 사이야?"라는 질문을 던졌다고 한다. 그랬더니 이 자랑의 달인이 이렇게 말한다.

"내 제자야."

이 한마디로 그는 잘난 제자의 업적을 온전히 자신의 공으로 만들어버린다. 나와 관련 있는 제삼자를 한껏 치켜세워준 후, 그와 나의 관계를 강조함으로써 나까지 높이는 전략이다. 센스 넘치면서도 잘난 척한다는 느낌을 주지 않는, 절대 욕먹지 않을 자기 자랑법이다.

다시 문재인 대통령의 연설로 되돌아가보자.

내외 귀빈 여러분, 이번 동계올림픽은 1988년 서울올림픽 이후 30년 만에 대한민국에서 열리는 뜻깊은 대회입니다. 한국 정부와 국민들이 각별한 마음으로 준비하고 있습니다.

대회 준비도 완벽하게 진행되고 있습니다. 지난

달, 준비 상황을 점검한 린드버그 IOC 조정위원장은 "평창이 세계인을 맞이할 준비가 완료됐다"고 높이 평가했습니다.

올림픽 안전도 걱정하지 마십시오. 여러분이 잘 알다시피 한국은 테러로부터 가장 안전한 나라 중의 하나입니다. 지금까지 인종, 종교 등을 이유로 국제적인 테러 사건이 한 번도 발생하지 않았습니다.

또한 한국은 충분한 경험과 역량을 축적하고 있습니다. 냉전시대에 치러진 88 서울올림픽, 2002년 한일월드컵, 2003년 하계유니버시아드 대회, 2010년 G20 정상회의, 2011년 세계육상선수권대회 등 수많은 대규모 국제 행사를 완벽한 안전 속에서 성공적으로 치렀습니다.

평창올림픽은 대회 안전과 운영, 모든 면에서 가장 모범적인 올림픽이 될 것입니다.

이만 하면 평창올림픽의 성공, 확실하다고 생각하는데, 여러분도 그렇게 생각하십니까?

하지만 가장 확실한 근거 하나가 더 남았습니다. 바로, 우리 국민입니다.

여러분 모두, 2002년 한일월드컵 때 거리를 가득
메운 붉은 악마의 응원 열기를 보셨을 것입니다. 지
난겨울 촛불혁명은 또 어땠습니까? 무려 반년 동안,
1,700만 명이 시위에 나섰지만 단 한 명도 다치거나
체포되지 않았습니다. 그야말로 평화적인 축제였습
니다.

우리 국민들의 놀라운 응집력과 열정, 높고 성숙
한 민주의식! 저는 이런 국민이 있기 때문에 평창올
림픽은 성공할 수밖에 없다고 확신합니다.

— '평화올림픽을 위한 메트로폴리탄 평창의 밤' 대통령 연설
(2017.9.21.)

이 말을 듣고 어떤 생각이 드는가? 고도의 자기 자랑이
눈에 보이는 것 같지 않은가?

문재인 대통령은 먼저 "지난 달, 준비상황을 점검한 린
드버그 IOC 조정위원장은 '평창이 세계인을 맞이할 준비
가 완료됐다'고 높이 평가했습니다"라는 말로 자랑의 포문
을 연다. 앞서 문재인 대통령이 자랑의 주어를 제삼자로 한
다고 했는데, 이 말이 바로 그렇다. 제삼자 그것도 공신력

있는 제삼자가 평창을 칭찬했다고 말함으로써, 간접적으로 자랑을 한다.

이후에는 우리 국민들을 자랑한다. 2002년 한일월드컵, 2016년 촛불혁명 때 각각 보여준 엄청난 열정과 질서정연한 모습을 강조하면서 우리 국민들이 성숙한 의식을 가지고 있음을 강조한다. 국민들을 높이게 되면 자연스럽게 그 국민들이 뽑아준 대통령, 그 국민들과 함께하는 대통령까지 높아질 수 있다는 사실을 문재인 대통령은 잘 알고 있는 것이다. 자기 자랑은 이렇게 하는 게 정답이다.

잘 들어주기만 해도
내 편이 된다

문재인 대통령 당선 후, 흥미로운 해프닝이 하나 있었다. 청와대로 이사를 하기 위해 짐 정리가 한창이던 대통령의 홍은동 빌라에 한 민원인이 찾아온 것이다. 이 민원인은 "국토부의 정경유착을 해결해달라" "배가 고프다. 아침부터 한 끼도 못 먹었다"고 소리를 질렀다. 이 말을 들은 영부인 김정숙 여사는 "마침 나도 밥 먹을 참이었는데 들어가서 라면 하나 끓여 드세요"라고 하며 민원인의 손을 잡고 사저 안으로 들어갔다.

잠시 후 민원인은 도저히 집까지 들어갈 수는 없어서 라면만 받아들고 나왔다며 양손 가득 컵라면을 들고 나왔다.

문재인의 말하기

그러면서 "한마디라도 들어주는 게 어딘가. 얘기 들어줬고 밥까지 얻어먹었으니 됐다. 이제 안 올 것"이라는 말과 함께 웃으며 돌아갔다.

그 민원인의 행동이 잘한 것이라곤 못하겠지만, 오죽 억울했으면 그곳까지 찾아갔을까 싶다. 그렇게 찾아온 민원인을 집 안에까지 들여 라면을 대접하고, 억울한 사연을 들어준 김정숙 여사의 마음 씀씀이가 정말 대단하지 않은가? 아마 이 민원인 역시 영부인이 그렇게까지 해줄 줄 몰랐을 것이다.

김정숙 여사가 보여준 정성 어린 태도와 경청하는 자세는 아마 이 민원인의 화난 마음을 어루만져주었던 것 같다. "얘기 들어줬고 밥까지 얻어먹었으니 됐다. 이제 안 올 것"이라는 말과 함께 돌아갔으니 말이다. 경청의 힘을 제대로 느낄 수 있는 장면이다.

언제든 귀 기울일 준비가 되어 있다 ———

상대방에게 '좋은 사람'이라는 평가를 받기 위한 가장

좋은 방법이 있다면 무엇일까? 많은 말을 할 필요는 없다. 오직 '경청'만으로 충분하다.

대부분의 사람들은 남의 이야기를 듣기보다 자기 이야기를 하고 싶어 하는 경향이 강하다. 이는 사실 본능에 가까운 것이어서 남의 말을 듣다가도 금세 내 이야기를 꺼내는 사람이 수두룩하다. 그러니 자신의 이야기를 충분히, 실컷 할 수 있게 해주는 사람을 만나면 얼마나 반갑겠는가.

간혹, 말수가 적어서 상대방이 좀 더 많이 말해주길 기대하는 사람을 상대할 때도 마찬가지다. 이때는 상대방이 편안하게 대답할 수 있을 만한, 선을 넘지 않는 질문들을 던지는 것이 좋다. 물론 쉽지는 않겠지만, 그렇게 일단 입을 뗀 상대방은 아마 내가 자신에게 관심을 갖고 있다고 여기며 마음의 문을 조금씩 열어갈 것이다.

그렇다면 그저 잘 들어주기만 하면 될까? 꼭 그런 것은 아니다. 경청은 단순히 상대방의 이야기를 들어주는 표면적인 행위만을 의미하지 않는다. 이는 상대방의 감정이나 정서를 충분히 이해하고 그것에 공감해주는 태도까지를 포함한다. 김정숙 여사의 라면 한 그릇이야말로 경청의 마침표와 같은 역할을 했다고 볼 수 있다.

문재인의 말하기

문재인 대통령 역시 예외는 아니다. 2018년 6월 8일. 이 날은 지방선거 사전투표날이었다. 문재인 대통령 내외도 삼청동의 사전투표장을 찾았다. 그런데 이날 문재인 대통령을 불러 세운 청년이 있었다.

"대통령님, 저 좀 한 번만 조금만 봐주세요!"

발달장애인 김대범 씨였다. 당시 문재인 대통령은 참정권 관련 시위를 벌이는 장애인들의 이야기를 듣고 잠시 그들과 대화를 나눈 다음 돌아가는 중이었다. 용기 있는 김대범 씨의 행동에 문재인 대통령은 이야기를 듣고 싶다며, 약 30초간 서서 그의 이야기를 들어주었다.

김대범 씨는 다음 총선부터는 발달장애인들이 이해하기 쉽도록 그림으로 된 선거 공보물과 투표 용지가 필요하다는 의견을 전달했다. 사전에 전혀 약속되지 않은 일이었지만, 문재인 대통령은 짧은 시간 동안 신중하게 김대범 씨의 이야기에 귀를 기울였다.

문재인 대통령의 경청 태도가 어떠했는지 짐작해볼 수 있을 만한 근거가 있다. 이후 김대범 씨는 한 언론과 인터

뷰를 했는데, 이때의 경험에 대해 "큰아빠가 부족한 조카의 말을 끝까지 경청해주는 것 같아서 감동적"이었다는 소감을 밝혔다.

언제 어디서든 타인의 이야기에 귀 기울일 준비가 되어 있다는 것. 이는 타인의 마음을 훔칠 준비가 되어 있는 것과 다름없다. 이야기를 들을 때 상대방의 눈을 보고 깊이 공감해주는 것. 이는 경청이 무엇인지 제대로 아는 사람이 아니면 할 수 없는 행동이다.

듣고 공감했다면, 응답하라 ————

독립유공자 안장식이 국가의 충분한 예우 속에 품격 있게 진행되도록 장례와 해외 독립유공자 유해봉송 의전을 격상하고, 지원도 확대하겠습니다.

지금까지 영구용 태극기를 택배로 보내줬다는 얘기를 들었습니다. 연평해전 때 중상을 입은 문병옥 일병 아버님으로부터도 비슷한 얘기를 들은 적이 있습니다. 연평해전에서 중경상을 입은 장병들의 전역증이 등기우편으로 와서 설움이 북받쳤다는 말씀이었습니다.

　정말 면목이 없고 부끄러운 일입니다. 앞으로는 인편으로 직접 성의 있게 태극기를 전하고, 대통령 명의의 근조기와 조화 지원 대상도 확대하겠습니다. 돈으로 할 수 있는 일보다 더 중요한 것이 뜻을 기리고 명예를 회복해드리는 일이라고 생각합니다.

— **독립유공자 및 유족과의 오찬 모두발언**(2017.8.14.)

　상대방의 말에 진심으로 공감했다면, 그의 말에 진심으로 응답하는 것 역시 경청의 중요한 요소다. 문재인 대통령은 이전에 연평해전에서 중상을 입은 문병옥 일병의 아버지를 만나 이런저런 이야기를 들은 바 있다고 한다. 그 자리에서 영구용 태극기가 택배로 배달된다는 것, 연평해전에서 부상당한 장병들이 전역증을 등기우편으로 수령한다는 것을 알게 되었다. 그 아버지의 답답함과 억울함, 서러움이 얼마나 컸을지 짐작하고도 남을 것이다.

　2017년 독립유공자 및 유족과의 오찬에서 문재인 대통령은 이 이야기를 꺼내며, 앞으로는 성의 있게 태극기를 전달하겠다는 의사를 밝혔다. 실제로 이 오찬회가 있기 두 달 전, 6월 26일에 국가보훈처는 그간 참전유공자 등이 사망 시 유족이 영구용 태극기를 받으려면 보훈관서나 보훈단체 등을 방문해 수령하거나 착불 택배로 받아왔던 제도를 개선해, 유족이 신청하면 퀵서비스로 무료 배송하도록 조치했다. 그리고 이를 진행할 퀵서비스 업체에게 유족에 대한 예우에 최선을 다해달라고 부탁했다.

그리고 이듬해 6월 6일. 문재인 대통령은 제63회 현충일 추념식에서 눈물을 흘리며 순직 소방관들의 묘비를 덮었던 태극기를 유족들에게 직접 전달했다. 국가를 위해 목숨을 잃은 분들과 그분들의 가족들에게 끝까지 예우를 갖추겠다는 무언의 메시지였다.

경청에서 가장 중요한 점을 들라면 '공감'이라고 할 수 있지만, 상대방이 나에게 호감을 넘어 감동을 느끼게 하는 데는 이런 '응답'이 더 큰 역할을 한다. 이야기를 들어준다는 것은 내 시간과 에너지를 사용해 상대방의 마음을 헤아려주는 행위이므로 이미 그것만으로도 충분하지만, 여기서 한 걸음 더 나아가 상대방이 답답해하는 부분을 내가 할 수 있는 선에서 진심을 다해 풀어보려 한다면 그것은 더할 나위 없는 감동의 요소가 될 수 있다. 문재인 대통령, 김정숙 여사의 경청이 감동적으로 다가오는 것은 바로 이 때문이다.

상대방의 자존감을
세워주는 격려의 말

누군가에게 큰 힘이 되어주고 싶은데, 무슨 말을 어디서 부터 어떻게 꺼내야 할지 모르겠다는 이들이 있다. 격려에 익숙지 않은 것이다.

격려는 칭찬과 비슷하면서 또 조금 다르다. 칭찬은 상대 방의 장점을 찾아내 이를 '평가'한다는 의미를 내포하지만, 격려는 상대방의 좋은 점을 부각해가며 그에게 '용기를 주 는 것'을 그 목적으로 한다. 격려를 잘 하고 싶으면 상대방 을 칭찬해야 할 때도 있고, 적당한 조언이나 비판을 해주어 야 할 때도 있다. 한 단계 더 높은 수준의 말하기일 수밖에 없는 이유다.

문재인의 말하기

제대로 대우받는다고 느끼도록 ————

노동은 숭고합니다. 아버지의 손톱에 낀 기름때는 삶을 지탱합니다. 어머니의 손톱 밑 흙에서는 희망처럼 곡식이 자랍니다. 일하는 사람들에 의해 대한민국은 여기까지 왔습니다.

모든 성장은 노동자를 위한 성장이어야 합니다. 작년 오늘 저는 "노동 존중"을 새 정부의 핵심 국정기조로 삼겠다고 약속했습니다. 노동의 가치와 존엄성보다 더 큰 성장은 없습니다.

노동절은 노동의 진정한 가치를 찾아가는 역사였습니다. 지금은 당연하게 생각하는 초과근무수당, 최저임금, 주40시간 노동제도 등은 많은 노동자들의 자기 존엄을 위한 투쟁을 통해 얻어진 것입니다.

(…) 노동의 가치와 존엄은 이념의 문제가 아닙니다. 우리들 자신이, 우리의 부모들이, 우리의 아들딸들이 바로 노동자들이기 때문입니다. 노동의 가치와 존엄은 바로 우리 자신의 가치와 존엄입니다. '근로자의 날'을 맞아 노동이 제도에 의해, 또는 힘 있는 사

람들에 의해 홀대받고 모욕받지 않는 세상을 생각합
니다.

— 근로자의 날 대통령 메시지(2018.5.1.)

맨 앞의 두 문장을 읽어보라. 노동의 가치에 대해 이보
다 더 아름답게 표현한 말을 본 적 있는가? 이 말이 대단한
이유는 표현 자체가 뛰어나기 때문만은 아니다. 이렇게 문
학적이고 품위 있는 비유를 쓴 것만으로도 대통령이 노동
의 가치를 상당히 높게 평가하고 있으며, 노동자들을 충분
히 존중한다는 느낌을 전해주기 때문이다.

근로자의 날 메시지에서 이런 문학적인 표현을 볼 것이
라 기대했던 사람은 아마 아무도 없었을 것이다. 때로는 상
대방에 대해 기대 이상의 멋진 표현을 쓰는 것만으로, 그에
게 '제대로 대우받았다'는 느낌을 건네줄 수 있다.

고된 훈련 뒤에도 졸업생들은 무거운 눈꺼풀을 참
아가며 밤새워 공부했습니다. 화랑관 기숙사에는 고
군분투의 날들이 남겨져 있습니다. 20kg 장비를 매
고 300m 상공에서 뛰어내린 공수낙하훈련도 멋지게

노동은 숭고합니다.

아버지의 손톱에 낀 기름때는 삶을 지탱합니다.

어머니의 손톱 밑 흙에서는 희망처럼 곡식이 자랍니다.

일하는 사람들에 의해 대한민국은 여기까지 왔습니다.

이겨냈습니다. 조국을 지킨다는 불타는 의지와 사명
감으로 어려운 교육 과정을 훌륭하게 이수해냈습니
다. 자랑스럽습니다. 축하합니다. 군에 몸담고 있는
동안 여러분 스스로를 더욱 강하게 단련하는 바탕이
될 것입니다.

(…) 강한 군대가 되기 위해서는 국민의 한결같은
사랑과 지지를 받아야 합니다. 장교의 길을 걷는 여
러분뿐만 아니라 병역 의무를 이행하는 병사에게도
마찬가지입니다. 누구에게나 군 복무가 자랑스럽고
보람 있어야 합니다. 장병들의 가슴에 내가 꼭 지키
고 싶은 나라가 있을 때 장병 한 명 한 명의 사기와
전투력이 최고로 높아질 것입니다.

진정으로 충성하고 싶은 나라를 함께 만듭시다.
이 길에 여러분이 주춧돌이 되어줄 것을 당부합니다.

여러분이 아주 귀한 존재이듯 여러분이 지휘하게
될 부하장병들 또한 누군가의 소중한 딸이자 아들입
니다. 젊은 장병들에게 군대는 새로운 관계를 맺고
새롭게 자신을 키워가는 또 다른 사회입니다. 부하장
병들은 몸과 마음이 더 건강해져서 가족의 품, 사회

문재인의 말하기

의 품으로 돌아가야 합니다. 그것이 국민의 군대입니다. 지휘관부터 병사까지 서로 존중하고 사기가 충만한 군을 만들어나갑시다. 국민으로부터 사랑받고 적과 싸워 반드시 이기는 강한 군대의 초석이 되어줄 것을 당부합니다.

— 육군사관학교 제74기 졸업 및 임관식 축사 (2018.3.6.)

근로자의 날 메시지에 비해 이 축사의 내용은 담백하다. 문재인 대통령은 너무 과하지도 너무 부족하지도 않을 만큼의 밸런스를 지키며 격려의 말을 건넨다. 시작은 자신의 주특기, 칭찬이다(이미 앞에서 문재인 대통령의 칭찬 실력에 대해서는 여러 번 언급한 바 있다). 이 자리에 오기까지 참고 견뎠을 시간들을 짚어주며, 마치 부모가 자식에게 말하듯 많이 고생했다고, 장하다고 이야기해준다. 덧붙여 힘든 시간들을 잘 이겨낸 여러분이 자랑스럽다고 격려한다.

그러고는 "진정으로 충성하고 싶은 나라를 함께 만"들어가자고, 그렇게 될 수 있도록 "여러분이 주춧돌이 되어"달라고 부탁한다. 아울러 리더로서 부하장병들을 어떻게 대했으면 하는지, 그들과 어떤 군을 만들어가길 바라는지 이야기하면서 강건한 리더십을 발휘해주긴 당부한다.

　이런 말을 들은 예비 장교들의 가슴에는 아마도 군인으로서의 자부심과 사명감이 활활 불타올랐을 것이다. 내가 고생한 시간들을 인정해주고, 나의 가치를 알아주고, 앞으로 함께 훌륭한 일을 해보자는 말에 심장이 뛰지 않을 사람이 어디 있겠는가?

　문재인 대통령의 말하기 방식은 어떤 점에서 한결같다. 우선은 상대방이 자부심을 느낄 만한 이야기를 건넨다. 뻔한 이야기는 금물. 상대방이 해온 노력을 디테일하게 짚어주며 최고의 칭찬을 해준다. 그다음 함께 미래로 나아가고 말한다. 그 말 속에는 자신이 만들고 싶은 나라의 밑그림이 들어가 있다. 부하직원들을 잘 격려해 조직을 잘 이끌어가는 리더라면 이런 말하기 방식에 주목해야 할 것이다.

내 삶과 맞닿은 격려의 말 ─────

　　마음을 조급하게 먹을 필요 없어요. 젊을 때는 1,
　　2년이 굉장히 중요하게 느껴지지만 세상을 살다 보

면 1, 2년 늦어지는 건 아무것도 아니에요. 자기 내면 부터 확실히 회복하고 차근차근 노력하면 조금 늦을 지는 몰라도 원하는 꿈을 반드시 이룰 수 있습니다.

— 서울성모병원 청소년병동에서 (2017.8.9.)

건강보험 보장성 강화 정책, 이른바 '문재인 케어'의 내용을 발표하기 위해 서울성모병원을 찾은 문재인 대통령은 여기서 청소년병동을 찾아 아픈 아이들과 만난다. 각자 꿈을 가지고 있지만 질병 치료를 위해 학교에 가지 못하고 병원에 있는 아이들에게 문재인 대통령은 위와 같은 이야기를 전한다.

나이 먹은 어른이 '괜찮다, 조급하게 마음먹지 않아도 다 잘 될 거다'라고 하는 말은 어떻게 보면 조금 무책임하게 들릴 수도 있다. 그러나 이 말을 누가 했느냐에 따라 와닿는 정도는 크게 다를 것이다.

문재인 대통령의 삶은 대중에게 이미 널리 알려져 있다. 특히 대선에서 한 번 떨어지고 나서 몇 년간 절치부심한 끝에 대통령에 당선된 것은 우리나라 국민이라면 모르는 사람이 없는 사실이다. 그런 경험을 갖고 있는 사람이기에

"1, 2년 늦어지는 건 아무것도 아니에요"라는 말이 훨씬 와 닿을 수 있는 것이다.

또 하나, 아직 어린 청소년들이기에 이 아이들의 눈높이에 맞추려고 노력하는 모습도 보인다. 청소년기에 가장 중요한 것 중 하나는 '꿈'이다. 문재인 대통령은 이 아이들이 꼭 듣고 싶어 했을 한마디, 즉 "원하는 꿈을 반드시 이룰 수 있습니다"라는 이야기를 들려준다. 수많은 실패와 고난을 딛고 마침내 꿈을 이룬 사람에게 듣는 그 말은 다른 어떤 말보다 큰 용기가 됐을 것이다.

격려의 말을 너무 어렵게 생각하지 않았으면 한다. 뻔한 이야기라도, 그것이 내 삶과 어떻게 결부되느냐에 따라 상대방에게 주는 울림의 크기는 다를 수 있다. 그러므로 아주 좋은 표현이 떠오르지 않거든 이렇게 평범한 말이라도 내가 겪어가며 스스로 깨달은 이야기를 들려주면 된다. 상대방에게는 그것이야말로 희망의 확실한 증거이기 때문이다.

문재인의 말하기

1판 1쇄 인쇄 2018년 7월 18일
1판 1쇄 발행 2018년 7월 25일

지은이 김범준

발행인 양원석
편집장 김효선
디자인 RHK 디자인팀 남미현, 김미선
해외저작권 황지현
제작 문태일
영업마케팅 최창규, 김용환, 양정길, 정주호, 이은혜, 신우섭,
　　　　　　유가형, 임도진, 우정아, 김양석, 정문희, 김유정

펴낸 곳 ㈜알에이치코리아
주소 서울시 금천구 가산디지털2로 53, 20층 (가산동, 한라시그마밸리)
편집문의 02-6443-8863　**구입문의** 02-6443-8838
홈페이지 http://rhk.co.kr
등록 2004년 1월 15일 제2-3726호

ⓒ 김범준 2018, Printed in Seoul, Korea

ISBN 978-89-255-6429-6 (03320)